suncolor

suncolor

依戀效應

THE ATTACHMENT EFFECT

Exploring the Powerful Ways Our Earliest Bond Shapes Our Relationships and Lives

為什麼我們總在愛中受傷，
在人際關係中受挫？

suncolor 三采文化

謹以本書紀念

Andrew S. Lovenheim

June K. Lovenheim

Jane L. Glazer

Z"L

目錄
Contents

第二部

生活中的依戀

第三部

社會中的依戀

後記

最重要的十項依戀功課

推薦序

當初皮特．羅文海姆來找我，詢問是否能旁聽我在羅徹斯特大學開的人際關係課程，我說：「當然可以。」我一向歡迎訪客，特別是那些有一定年紀與閱歷的人，或許他們能帶給二十出頭的學生們一些不同的觀點。皮特似乎很感興趣，我以為他會旁聽兩、三次課，然後就和之前其他人一樣，優雅地離開。然而面對這個龐大且活躍的研究領域，這小小的研究樣本顯然無法滿足皮特的好奇心。他在課堂上全神貫注，幾乎從不缺席，課後我們約在十二角廣場的星巴克聊天時，他會繼續提問。他一開始提出的問題並不複雜，即使如此，他將好奇心與他的新聞分析專業結合，這些問題仍舊明確地點出了我在課堂上探究的主題。鄰桌的女性忍不住想加入我們的聊天，我一點也不意外。

數千年來，人們深深著迷於人際關係的運作方式，試圖去了解它們成敗的原因，以及是什麼讓它們成為生命中最痛苦卻最有意義的部分。我們可以從過去的歷史紀錄找出人際關係的「規則」與意識形態，而科學研究則是在這項領域中相對較新的嘗試，客觀地評估，大約是從二十世紀初期開始。毫無疑問地，我相信依戀理論代表了人們目前在這項研究領域所能提出的最深刻見解。

理論來自於社會科學，也運用於社會科學。嶄新的理論通常一開始會帶來興奮與騷動，然後隨著人們提出更多創新的見解而逐漸枯竭，被更出色的新理論所取代。但依戀理論則不然。我在一九八二年初次聽聞約翰・鮑比（John Bowlby, 1907-1990）的理論，當時我正在丹佛大學進行休假研究，而該大學的菲利普・沙弗（Phillip Shaver）教授與辛蒂・哈珊（Cindy Hazan）博士開始將依戀理論應用於解析成人的感情關係。在此之前，依戀理論主要的關注目標為幼兒及其照顧者。當他們的開創性研究變成科學文獻，依戀理論的領域迅速擴大，衍生出數百甚至數千項新研究。從那之後，我一直在觀察人們對依戀理論的興趣何時會冷卻下來，就像之前其他許多理論一樣，但這種情況並沒有發生。不可思議的是，人們對依戀理論的研究熱度至今未減。

是什麼原因讓這個理論歷久不衰？皮特說，每當我在課堂上開始講述依戀理論時，即使最不專心的學生也會立刻抬頭，專心聽講。研究人員從觀察哺乳動物的普遍行為做出發點，解釋幼兒與照顧者的最初互動經驗何以塑造人們從童年到老年的人際關係，如此引人入勝的觀點，鮮少有其他理論做得到。依戀理論的觀察結果既客觀、敏銳，同時又與每個人的感受極度相關，當人們聆聽依戀理論的內容時，很難不會有這種想法：「沒錯，就是這樣！」

依戀理論將嚴肅連貫的理論與生命中許多重要且深刻的人性關懷相互結合，藉此獲得非凡的解釋力量。我向讀者保證，了解依戀理論，對於人際關係與情感生活將會產生全新的觀點。然而這不是一本心靈自助手冊，至少不是「永恆愛戀的十二個步驟」這種老掉牙指南。這本書將讓你進一步了解人們產生感情連結與疏遠的原因和方式，並且教你充分運用這些知識來改善自己的人際關係。

我漸漸開始期待我們在星巴克的約會，透過對話，我了解到皮特是個堅持不懈的敏銳觀察者。隨著他對依戀理論的理解逐漸加深，他的提問也越來越難。不過我發現了他更令人欣賞的特質。在本書中，你將與我一同看見他的勇敢和坦率，願意挑戰自己一生的經歷，揭露他的人際關係與心中想法（也許這正顯示了他的「習得的安全型依戀」，又或許反映出他先前的焦慮型依戀模式？請繼續閱讀並自行判斷吧）。我們可以從皮特的寫作方式看見這些特質，他在研究與治療案例的分析中穿插了個人經歷，這些經歷雖然令人感傷，卻適切地揭露了依戀理論的要旨。我認為這並非巧合。依戀理論的精妙之處就是讓人理解情感與人際關係的模式，而身為作家的皮特，他的才能就是用文字引出人們的感悟。請別懷疑，這本書將個人經歷與研究治療實務並列，還有著依戀理論堅實的科學做基礎。這無疑是一部會讓約翰・鮑比欣慰的大作。

美國心理學會董事會前主席
美國羅徹斯特大學心理學教授
哈利・萊斯（Harry Reis）

作者序

這段感情一開始很美妙，就像所有的戀情一樣，但後來我們不斷爭吵，分分合合。以最簡單的話來說，她一直在尋求我無法給予的承諾，而我尋求她無法給予的親密情感。我們分手又和好無數次；提出分手的都是她，主動和好的通常是我，我們就這樣陷入不斷重複的循環。

這種情況持續了多年。

我們為這段終成泡影的感情投入許多心力，這讓人無比難過。然而我們永遠無法讓它圓滿，我認為這對我們兩人來說始終是個謎。

我們最後一次分手的幾個月後，我在偶然間發現了某個讓人大開眼界的東西。我去探望讀大學的女兒，在她的心理學講義上讀到了一篇關於依戀理論的文章，該作者描述了兩種特定依戀模式的人試圖成為伴侶時經常會發生的事。「這類型的伴侶……往往變得極度對立，焦慮型依戀的人容易感到焦慮並要求更親密的關係，逃避型依戀模式的人則習慣將對方推開、不願意溝通，兩人可能會經歷多次分手與和好……這樣的關係可能一觸即發……逃避型依戀的人通常是決定退出這段關係的人。」

當時我不了解什麼是「依戀模式」，也不熟悉「焦慮型依戀」與「逃避型依戀」這些名稱，但我坐在女兒的宿舍裡，搞懂了幾件事。我的前女友不願打開心房，而且經常因衝突而疏遠我，這符合逃避型依戀模式；我需要親密的情感關係，與其孤單一人，我寧願緊緊抓住一段感情不放，這符合焦慮型依戀模式。

該作者接著說，這兩種依戀模式的糟糕配對很常見——有些研究人員稱之為「焦慮逃避型困境」——除非這對伴侶能夠理解並學習解決這樣的困境，否則這段感情通常不會有好結果。

這個啟示來得太晚，無法挽救我不幸的戀情，但它確實讓我想更進一步認識這個名為「依戀」的神祕東西。

依戀理論是由英國精神病學家兼精神分析師約翰·鮑比所提出。第二次世界大戰結束後，鮑比在孤兒院工作，看到許多孩子獲得了良好的飲食和醫療照顧，卻還是無法健康強壯地長大。事實上，很多孩童撐不下去，死了。一般常見的兒童發展理論都無法解釋這種現象。

在接下來的數十年間，鮑比參考了進化生物學、動物行為學、社會心理學等多元領域，發展出一套嶄新的依戀理論。簡而言之，由於剛出生的人類嬰兒沒有能力照顧或保護自己，他們會本能地尋找並依附一位稱職可靠的照顧者，這位照顧者通常是母親，也可能是父親、（外）祖父母、保姆，或其他在場且能滿足嬰兒基本需求的成年人。

如果嬰兒成功尋得持續性的照顧，便可發展出情緒安全感；如果失敗了，他將無法獲得安全感。

嬰兒尋求照顧的成敗塑造了嬰兒發育中的大腦，影響了核心情緒與人格結構，從而創造對於人際關係的一套普遍信念與期望，更進一步影響我們的感受及我們這一生的人際關係表現，當然也包括我們與戀人的關係，或是我們與任何人事物的關係。這就是「依戀效應」。總而言之，一個人最初的依戀經驗很重要，決定了性格，而且賭注極高。

對於大多數人而言，童年早期的依戀經驗發生在我們最早的記憶之前，通常是在兩歲前。然而套句鮑比的話，它有能力影響人們「從搖籃到墳墓」的人際關係。

這是因為依戀系統與生殖系統一樣，是人類基礎的一部分，是大自然為我們設計的生存方式。我們一出生，便會本能地依附那些可靠的、能夠保護我們、回應我們生存需求的人。成年後，我們會與深愛的人，以及少數能提供我們安全感與保障的人建立關係。我們生來就需要與人交往並建立關係，只要我們活著，這一點就永遠不會改變。

全世界有許多研究人員致力於理解並驗證鮑比的理論，而且每年都有數百或數千項新研究成果出爐。

精神科醫師湯瑪斯．路易斯（Thomas Lewis）博士及其同事指出，童年早期的經驗會塑造人際關係的運作模式，讓我們記住對於「愛」的印象。所以最初的依戀很重要，不僅影響我們與伴侶的關係，也影響我們與其他人的關係。

一些最新的研究證實，兒童時期的依戀模式遠不只影響我們與家庭及伴侶的親密關係。事實上，它們可能延伸到各種人際關係：工作方面，它們會影響我們與同事及老闆的關係；運動方面，它們會影響我們與隊友及教練的關係；政治方面，它們會影響我們的政治傾向及我們選擇支持的候選人；即使在心靈領域，它們也會影響我們對於宗教信仰的選擇，以及我們與神建立關係的方式。

是的，它們甚至會影響我們如何與神建立關係。

有幸成為安全型依戀的人，無論是在童年時或成年後，往往擁有更讓人滿意、更穩定的人際關係。他們覺得自己值得被愛、被照顧，因此有更強的自尊心，往往更願意付出，更能包容他人，面對疾病與親人死亡等挑戰時，表現出更強的適應力。身為父母所能盡力為孩子提供的最棒禮物，就是安全型依戀。

那些擁有不安全型依戀（逃避型與焦慮型）的人，比較容易陷入人際關係的困境，並且可能得學著處理親密與信任的問題。儘管如此，不安全型依戀的人也有可能具備獨特的優勢。新的研究結果顯示，當受試者置身在看似險惡的環境（因電腦故障而煙霧逐漸瀰漫的房間），高度焦慮型依戀的人對於威脅特別敏銳，他們會率先發現危險；高度逃避型依戀的人重視獨立與自立，他們會率先找到逃生路線脫險。

雖然多數成年人的依戀模式與童年早期發展出的依戀模式相同，但這是可能改變的。原本因不可靠的照顧者而導致不安全型依戀的人，可以透過與安全型依戀者（教師、心靈導師、教練、伴侶）建立長期健全的關係，或藉由反省與治療，甚至是養育子女而實現安全型依戀，研究人員將此稱為「習得的安全型依戀」。（想快速評估自己的依戀模式，請參閱附錄，做個簡短的依戀測驗。）

對我來說，了解自己的依戀模式改變了我的人生。當我意識到自己的依戀系統會在何時影響我的行為反應，我便可以改變或延遲我原本會有的反應——特別是在情緒激動的情況下——以達到更有利的結果。舉例來說，我談戀愛時，如果我的戀人在最後一刻取消計畫，我有時會不信任她的說法，或是反應過度；這是焦慮型依戀者在面對情感的真實威脅或想像威脅時，兩種典型的回應方式。同樣地，當我身體不舒服時，我會小題大作地預測最糟糕的結果；這是焦慮型依戀者對於疾病的常見反應。一旦我了解這些反應部分來自我的不安全型依戀作祟，我會自問，我的反應是否其來有自？答案往往是否定的。

現在我也會注意到依戀模式對其他人的影響。在朋友面對孩子離家讀大學、失業或親人去世等重大變故時，我在他們身上看到依戀模式的影響；當年輕的朋友嘗試約會、找個適合的伴侶，我在他們身上看到依戀模式的影響；看到子女長大成人、追求事業、結婚、撫養孩子，我在他們身上看到依戀模式的影響。若能了解人們為什麼會做出那些反應，而其中一個原因來自他們的依戀模式，我們也許就能給予彼此更多的體諒、支持與寬容，找到更融洽的相處方式。

於是我開始著手撰寫這本書，盡可能挖掘關於依戀理論的大小研究與例子，讓大家更了解依戀模式如何影響我們。這趟旅程從我自己的故事開始。我想了解自己的依戀模式以及形成的原因，為此，我拜訪了該研究領域的多位頂尖專家，徹底探究我與父母及其他照顧者之間的關係，探討這些早期經歷如何影響我成年後的親密關係。這其中的某些回憶顯然非常私密。

一旦我了解了自己的依戀模式，就會想了解其他人。我與形形色色的人們交談，聊聊依戀模式如何影響他們的生活，包括約會、育兒、婚姻、事業、老化、工作、運動、政治、心靈。這些人本著對於依戀模式的理解，有意識地與他人互動，讓自己的工作、生活、人際關係等各方面都因此而受益，包括：

- 一位母親利用依戀教養的原則，以更實際可行的方式撫養兒子（參見第六章）。
- 一對年輕夫婦與治療師合作，試圖挽救婚姻；這位治療師受過以依戀理論為基礎的諮詢技巧訓練（見第七章）。
- 一位教練藉由了解球員的依戀模式，協助他們發揮最佳表現（參見第十一章）。
- 兩個年輕人運用依戀理論，改善第一次約會時的互動方式（參見第五章）。
- 一間小型企業的老闆如何打造默契絕佳的團隊，提供多元依戀模式的員工發揮所長的空間（參見第十章）。

我甚至研究了依戀模式如何影響我們的政治領袖及其治理能力，並且為前美國總統候選人進行了一次成人依戀訪談（參見第十二章）。[1]

透過這本書，我希望你能了解依戀如何影響了人們的生活，以及「你自己的」人際關係與生活。我在後記討論了善用依戀理論的十項重要功課，你可以利用這些實際又有用的方法來改善自己和周遭人們的生活。附錄的依戀測驗可用於評估個人依戀模式，參考資料則列出了相關組織、書籍、網站，讓你進一步了解以依戀理論為基礎的約會、兒童發展及育兒、婚姻諮詢、個人治療等。

約翰・鮑比的開創性理論，如今被學界普遍認為是兒童發展與社會心理學的基礎。事實上，他的理論是所有行為科學與社會科學的基礎。馬里蘭大學的茱德・卡西迪（Jude Cassidy）與加州大學戴維斯分校的菲利普・沙弗（Phillip Shaver）等知名國家研究員宣稱，依戀理論是「二十與二十一世紀心理學研究中極為廣泛、深刻、創新的理論。」威廉與瑪麗學院的李・柯克派屈克（Lee A. Kirkpatrick）主張，依戀理論是「極其成功的心理學理論」。加拿大心理學家兼作家蘇・強森（Sue Johnson）的觀點，是許多心理學領域

1 作者註：除非另有說明，否則書中所有人物皆為真實姓名。在某些段落中，我為了敘述目的而改變了時間順序。

的專家對鮑比的典型意見：「我是心理學家，我是人類，如果我得頒獎給任何人提出的一套最佳想法，我會頒給約翰・鮑比，而不是佛洛伊德或其他任何研究人類的專家。」

二〇〇五年，哈佛大學登山社在吉爾吉斯與中國邊境附近登山，並將一座一萬九千英尺高、白雪皚皚的山峰命名為約翰鮑比山，這是真正的崇高榮譽。

如果整個社會對於依戀理論及其含意能有更深入的認識，又會如何？我們的文化不斷釋放這樣的訊息，亦即越是獨立、不需要他人援助的個體，進化程度越高。我相信這種態度是美國拓荒者成為孤單冒險家神話的遺風，並且與生物學相悖。依戀系統告訴我們，為了安全與保障，我們永遠需要與其他人——至少是幾位對你有特殊意義的人，保持聯繫，並且**唯有通過互相依賴才能成為最堅強真實的自我**。

然而我們將獨立描繪得如此理想，到了最後，太多人選擇獨自生活，不與家人同住，不與鄰居往來，導致社會關係疏離。根據美國哥倫比亞廣播公司新聞報導，現今四分之一的美國人表示，自己沒有可信任的人。精神科醫師湯瑪斯・路易斯及其同事說：「美國當代文化就像一場大型實驗，正不斷剝奪人們最渴望的事物。」

在我得知依戀理論不久後，認識了家鄉紐約羅徹斯特大學的心理學教授哈利・萊斯。他告訴我，他即將開一門與依戀理論有關的課程，如果我有興趣，歡迎我去上課。

我熱切地接受了他的慷慨提議，從這裡踏上了我的發現之旅。如果人們能更深入、廣泛地了解依戀的運作方式，而不是只有研究員與心理學家了解這些事，我相信，我們的人際關係將會變得更豐富、更令人滿意。

第一部

什麼是「依戀」？

1 老虎來了：依戀模式的源頭

每次要旁聽哈利·萊斯（Harry Reis）教授在羅徹斯特大學的依戀理論課，我總是遲到，因為哈利教授的課開始時，我在附近一所大學教授的寫作課才剛結束，就算一路都是綠燈，而且立刻找到停車位，我趕到教室的時間也已經是上課十分鐘後了。我總是悄悄從側門進入階梯教室，坐在最後一排的座位。

然而遲到也有一些好處，我從教室後面可以看見全班一百多位學生，誰認真聽課，誰不專心上課，我都看得一清二楚。上課第一天，我注意到附近座位有個男生在看電子郵件，另一個女生在瀏覽臉書，還有個男生在看股票。

第一次上課那天，我坐下時，哈利教授正說著：「這是超棒的理論。」他身高約一百九十公分，嗓音低沉宏亮，語調緩慢且從容不迫。「我們認為這項理論解釋了人類的無數行為，包括童年與成年後的親密關係，包括人的一生中幾乎所有的人際關係。」

當我得知哈利教授是研究人際關係的頂尖專家，而且就住在我老家紐約州羅徹斯特，開課講授依戀理論，我立刻邀他去喝咖啡。我們聊到一半時，隔壁桌的一位婦女忽然轉身面對我們，幾近大吼地說：「哇！我願意付錢坐在你們那一桌，你們說的內容對極了。我真希望自己年輕時就懂得這些道理，這樣就能省掉一大堆麻煩！」

奇怪的是，哈利教授似乎並不驚訝有人打岔。

他告訴我：「人們聽到依戀理論，總會說：『對，這就是我想研究的事，這就是我想了解的事。』」

我想了解自己的依戀模式，想了解它一直以來如何影響我的行為與人際關係。我離過一次婚，後來又談過一段很久的感情。如果進一步了解依戀理論能幫助我獲得令人滿意的穩定感情，那就是我想要的。後來我對依戀理論的興趣越來越大，我想了解「依戀」如何影響人們的一生與社會上所有的人，包括家庭關係、朋友關係、撫養孩子的方式、職場相處之道，以及如何面對失去摯愛等，不勝枚舉。也許依戀理論是一把鑰匙，能讓我們更深入了解個人行為與日常生活呢？

哈利教授將四張照片投影至大螢幕上：一位人類母親背著孩子，一位人類父親抱著兒子，讓他坐在膝上；一隻母貓正讓兩隻小貓吮奶，一隻北極熊媽媽將幼熊護在身下。

他說：「我們仔細看第一張投影片。請注意，這些不同物種的成年照顧者與幼崽之間都有親密的身體接觸，而且這種關係具有保護性質。」

除了一百位學生敲著筆電鍵盤的清脆聲音，教室裡一片安靜。我用紙筆抄著筆記，根本就是來自另一個年代的訪客。

下一張投影片展示了一張黑白照片，照片裡是一位英國中年男子，他穿著羊毛衫，套了一件粗花呢西裝外套，儀容高貴。

教授開口說：「第二次世界大戰時的英國，父親前往戰場打仗，不少母親死於倫敦大轟炸，因此許多孩子被送進孤兒院。年輕的精神科醫師兼精神分析學家約翰・鮑比（John Bowlby）就在這些孤兒院工作。」

哈利教授用雷射筆發出的紅色光點指著照片中那位儀容高貴的英國人，繼續說道：「他觀察到，雖然這些孤兒生活在乾淨的環境，獲得充足的飲食與良好的醫療照護，但他們就是無法健康強壯地長大，通常體重過輕、個性憂鬱，其中一些還夭折了。」

坐在我前方盯著臉書的女生現在抬起了頭，不再盯著電腦。

「鮑比觀察到另一件事，這些嬰兒叫喚、哭喊、望著門口尋找媽媽的行為讓他印象深刻，他稱之為『探尋行為』。他認為人類與動物都有這些行為。如果小貓或小狗看見某個可怕的人走進房間，會怎麼做？牠們會立刻跑回媽媽身邊尋求安全感。」

猴子

哈利教授那天沒提到一件事。約莫同個時期，鮑比也注意到「失去母親」對這些孤兒的影響。美國威斯康辛大學的心理學家哈利．哈洛（Harry Harlow）注意到猴子也出現類似現象，他的研究後來影響了鮑比。

哈洛最著名的實驗是拆散剛出生的恆河猴與母猴，接著提供兩個代理「猴媽媽」讓幼猴選擇：一個是拿著一瓶奶的金屬猴媽媽，另一個金屬猴表面鋪上軟布，但手中沒有奶瓶。結果呢？大多數時候，幼猴都緊緊抱著軟布猴媽媽不放，每次受到驚嚇就會去找它，只有喝奶時才會去找金屬猴媽媽。

心理學教授李．柯克派屈克（Lee A. Kirkpatrick）寫道：「這些心理學研究成果非常出名，它們極有說服力地證明了，至少剛出生的恆河猴對母親的喜愛不能簡化為對於食物或乳房的需求或渴望，牠們自然而然會尋求身體接觸與安慰。」

嬰兒與照顧者

「嬰兒」這種東西不會單獨存在，這意味著如果你打算形容一名嬰兒，你會發現自己將同時描述嬰兒與另一個人。嬰兒無法單獨生存，卻是一段關係的重要關鍵。

——小兒科醫師與心理分析師唐納．威尼科特（Donald Winnicott）

講台上的哈利．萊斯教授往講桌後面跨了幾步，面對全班。

他說：「你們都知道，馬兒剛出生一、兩天就會跑，那是牠們的生存方式。但人類做不到。在地球上的所有物種之中，**人類嬰兒需要照顧的時間最長**。如果你在七或八歲前沒有人照顧你，算了吧，你早就死了。如果老虎來了，你根本沒機會活命。」

哈利教授停下來，掃視全班。

「好，假如你是嬰兒，一隻老虎來了，你要如何活下來？如果你能找到照顧者，這個人能為你提供食物與庇護，還能帶你遠離危險，你會緊緊跟著對方，這就是你的生存方式。所以，你要如何確定照顧者在哪裡，然後緊跟著對方？」

答案呼之欲出，我感覺到全班的情緒越來越緊繃。

他又問了一次：「你要如何找到照顧者，然後緊跟著對方？」

然後他大聲回答：「哇哇大哭！你哭了，表示『有事情發生，嚇到我了！我希望有人保護我！』」

哈利教授解釋，嬰兒也會利用其他「探尋行為」，例如轉頭、眼睛盯著看，或是伸手等動作。「鮑比認為，哭泣與緊跟著照顧者等行為是為了保持身體親密，會這麼做的嬰兒能活下來的機率比較高。」

換句話說，嬰兒的這些行為並非隨意的舉動。從生物學的角度來看，這些行為是為了幫助嬰兒找到稱職可靠的照顧者，並且順利依附對方。

哈利再度用雷射筆指著那位穿著粗花呢西裝外套的男子照片。

「鮑比提出了一個概念，他認為有一套演化系統稱為依戀系統。這個想法看似簡單，但現在看來其實相當深奧。」他解釋說：「這依戀系統只有一個簡單的目標——為嬰兒與照顧者創造親密的身體接觸，並且維持下去。會這麼做的嬰兒以及會給予回應的照顧者，他們的基因比較容易傳給下一代。事實上，如果嬰兒沒有大哭，還覺得老虎真可愛，想跟老虎說話，又或者照顧者比較關心自己，沒去把嬰兒抱起來，那麼他們的基因就無法傳遞下去。這是非常簡單易懂的演化適應力。大家都有這種能力，你們不必到商店購買俗稱『依戀系統』的程式，因為從出生就已經安裝在你體內了。」

哈利說這些話時，原本在我旁邊玩俄羅斯方塊的男孩也抬起了頭。

依戀對象：親近的安全堡壘與安全避風港

哈利解釋：「當我們說孩子擁有依戀的對象，通常指的是人，而那人通常是他的母親。這個依戀對象會履行依戀系統的三項重要功能，第一個功能稱為『尋求親密』（proximity seeking），這表示照顧者是孩子主動親近以尋求安全感與安慰的對象；第二與第三個功能是『安全堡壘』（secure base）與『安全避風港』（safe haven），孩子需要安全堡壘，才能向外探索，當遇到可怕的事，他們可以回到安全避風港。」

無論是小孩或大人，他們真正的依戀對象還會符合兩個額外的標準：一是與依戀對象分離會造成焦慮，往往會伴隨著抗議（小孩的表達方式是哭泣）；二是失去依戀對象會帶來悲傷。

哈利教授繼續說：「好，所以嬰兒有依戀系統，而這個系統就像雷達。當危險的事情發生，無論那是老虎來了或肚子餓了，雷達就會啟動，嬰兒會想著：『我的依戀對象在附近嗎？她是否留意到這個情況？她能不能解讀我發出的求救訊號，並提供我需要的協助？』」

一個孩童通常有多個依戀對象，包括父母、祖父母、哥哥姊姊，或某個固定照顧者。從孩童的角度來看，這些人是不可互換的。依戀的對象確實有階層之分，位在頂層的主要依戀對象通常是母親。柯克派屈克教授指出：「孩童在受到驚嚇時，他或她會將依戀對象排序，並且最先跑向主要依戀對象以尋求保護或安慰。」

心智模式

在出生的幾年內……孩童會從人際關係中找出模式……並且記住「愛」這種感覺。

——精神科醫師湯瑪斯．路易斯（Thomas Lewis）及其同事

哈利教授繼續對全班說：「鮑比認為，隨著年紀越大，我們對重要他者的期待開始有

自己的看法；換句話說，我們體認到『這就是強大的照顧者與我和睦相處的方式』。這些看法來自我們與依戀對象互動的最初經驗，大多發生在出生後兩年內。一旦看法被建立，便會在孩子的心中形成心智模式——事實上，是在大腦形成模式，影響他們對人際關係的期望以及在人際關係中的表現，影響範圍不僅限於童年，甚至長達一輩子，就像鮑比說的，是『從搖籃到墳墓』的人際關係。」

教授指出，正是這些心智模式讓嬰兒時期的經驗影響成年後的行為。他補充說：「這正是鮑比與佛洛伊德的不同之處。佛洛伊德認為孩童的心中想著一大堆事，想像自己對母親的依戀是帶有欲望的。鮑比不信那一套，他認為真正重要的是母親與孩子之間的實際互動，這些互動形成心智模式，而模式將互動經驗轉化為一輩子的人格特質。

「幼年形成的看法多半與自己及他人的關係有關，例如『我討人喜愛嗎』、『其他人會重視我並照顧我嗎』、『當我親近、倚賴他人，或在他人面前展現脆弱時，我感到自在嗎』、『**我需要別人時，他們會陪著我嗎**』。

「如果答案是肯定的，那麼這個孩子就擁有安全感。」哈利教授做了個誇張的深呼吸，模仿鬆了一口氣的孩子；這個孩子的媽媽或許剛剛抱著他跑進洞穴，保護他不受老虎傷害。「這個孩子會想：『好，沒什麼大不了的，我很好。』他有了自信，相信不會有危險發生在他身上。雷達關閉，一切都很好。」

教授解釋，這個孩子相信別人會為自己騰出時間並給予回應，長大後也會認為「我可以相信別人，我能與別人親近，我不害怕親密關係。」

這是安全型依戀。

這時哈利教授反問道：「不過，要是雷達給了否定的答案呢？要是這個孩子並未感覺自己受到稱職可靠的依戀對象保護呢？」

這種情況下，孩子會有兩種防禦反應。

「第一種情況，孩子哭了又哭，照顧者就是毫無回應，不理不睬。沒有尋求親密，沒有安全避風港，沒有安全堡壘，這個孩子可能想著：『現在沒有人能照顧我，沒人能為我處理眼前的威脅。我是嬰兒，甚至還不太會爬，所以我會待在這個照顧者旁邊，因為我沒有其他的選擇。但我不會太過親近，也不會過度抗議，因為我已經發現這些方法都沒效。』」教授繼續說：「這個孩子的照顧者幾乎不回應，於是他學會自我封閉，避開親密關係。」

這是逃避型依戀。

「另一種防禦反應發生在照顧者反覆無常的情況。照顧者有時回應，有時不回應；有時陪伴，有時不陪伴；有時提供安全避風港與安全堡壘，有時不提供。孩子會認為，『我不知道如何讓照顧者過來照顧我，我不知道該怎麼做，我覺得自己被遺棄了，所以我只好用盡全氣，想辦法讓照顧者立刻過來這裡。』」教授解釋：「這個孩子不會自我封閉，而是更努力抗議與哭泣。他會黏著照顧者不放，用盡一切方法來表示自己非常非常難過。『你是我的照顧者，你得照顧我啊！』」

這是焦慮型依戀。

許多研究顯示，五成五的美國人屬於安全型依戀，兩成五屬於逃避型依戀，兩成屬於焦慮型依戀。

哈利教授說：「這些結果相當一致。」全世界的依戀類型統計皆有相似的結果，在西方與非西方國家、已發展與發展中國家之間只有些微差異。

柯克派屈克博士巧妙地總結了哈利教授對心智模式的論點：「本質上，心智模式代表孩子對一個問題的回答，這個問題是『我能不能在必要時指望依戀對象，相信他能為我騰出時間並給予回應？』答案有三種：能（安全型依戀）、不能（逃避型依戀）、或許（焦慮型依戀）。」

約翰・鮑比的童年其實不太好過。他成長於二十世紀初英國典型的中上階級家庭，兄弟姊妹很少跟父母有接觸。鮑比的傳記作者蘇珊・馮狄肯（Suzan van Dijken）寫道：「就像愛德華七世那個年代的貴族與中產階級，大多數的母親都將照顧孩子的事交給保姆及女傭，鮑比的母親也不例外。」

臨床心理學家羅伯特・凱倫（Robert Karen）說，鮑比的母親以自我為中心，他的父親很霸道，這對父母「不輕易展現情緒和內心情感」。並與孩子徹底保持距離。他們將照顧鮑比與孩子們的事交給一位保姆負責，這位保姆很「冷酷」，卻是這些孩子生活中唯一固定不變的照顧者；此外還有許多「助理保姆」，都是年輕女孩而且都待不久。鮑比在八歲時被送到寄宿學校，後來他對妻子說，他「不會把那個年紀的孩子送去寄宿學校」。

鮑比認為，這些經歷為自己帶來「長久的負面影響」。

我覺得鮑比的童年聽來似曾相識。

我有一段關於童年的記憶，大概是我三歲左右。我記得爸爸早上要出門工作，我和他會一起吃早餐，我的哥哥姊姊和媽媽在樓上換衣服。當他要出門時，我會跑到客廳，爬上面向車道的窗戶，看著他開車離開，然後我會亂踢與捶窗，尖叫要他別走。

從外面看起來，我就像一隻黏在窗戶上的岡比[1]玩具。

等我當了爸爸後，才開始覺得奇怪：我媽沒有外出工作，一直待在家裡，那為什麼我爸早上離家時，我會這般哭鬧？

沒課的時候，我與哈利教授相約喝咖啡。他穿著牛仔褲與羊毛外套，腳上套了一雙登山靴，當他走近時，我明顯感受到我們之間的身高差距——他身高一百九十公分，我只有一百七十三公分。我想問他童年記憶與個人依戀經歷的關聯，特別是我的例子。

我對他吐露：「我記得童年的事，這讓我對自己的依戀模式感到好奇。」我解釋說，我對媽媽的記憶寥寥無幾，我記得爸爸有時會照顧我，但大我七歲的姊姊也會照顧我。而且就像鮑比一樣，當時我有不同的保姆，但我完全不記得任何一位。

我坦白地說：「我甚至不確定誰是我主要的依戀對象。」

我對爸爸的記憶有點雜亂。我記得自己很小的時候，爸爸會把我扛在肩上，帶我上樓睡覺。我會緊緊抓著他，靠得很近，我的臉頰貼著他的臉頰，當一天就要結束了，我能感覺到他的鬍子帶給我安心的刺癢感。然而他有時也很霸道，說話刻薄。有一次他抓著我的手臂，把我拉出家門，帶往幼兒園。

我對哈利教授說：「我真的不知道這些累積的記憶之中是否有我的安全避風港或安全堡壘，我不確定我究竟擁有什麼樣的依戀經驗。」

他提醒我，人們對於父母、家庭，甚至自身的童年記憶都有可能出錯。我可以理解，我也不希望我的三個孩子將來根據幾個隨機事件來描述整個童年。

讓人困惑的是，在我對於童年的記憶中，都顯示我對媽媽或固定的照顧者缺乏依戀。但我無法確定這些記憶是否準確。

幸好，我仍有一絲機會能找出答案。我媽在六年前去世了，但我爸依然健在。他現在九十五歲了，而且身子還算硬朗。雖然他得拄著拐杖或助行器緩慢行動，但他獨居，仍舊會自己開車，外出與朋友聚餐。他近來跌倒好幾次，好在沒有受太嚴重的傷。他的思考依舊敏捷，最近他閱讀的書包括厚達六百頁的前總統詹森傳記，以及關於古迦太基歷史的著作。爸爸與他的哥哥在經濟大蕭條時期合開印刷公司，如今早已退休，堅強地活著，毫不抱怨。大部分時候，他都獨自一人。

哈利教授鼓勵我好好珍惜父子僅剩的相處時間。「從你小時候與他的關係來看，要是

1 譯註：岡比（Gumby）是美國綠色黏土動畫人物。

他走了，你肯定不好受。你一定要妥善處理這件事。」

妥善？

「無論你想從他那聽到什麼家族故事，或是獲得什麼情感連結，你都得接受一個可能的事實，就是你永遠得不到那些東西。」

不久後的某一天下午，我照例前往爸爸的公寓探望他，發現他還是老樣子，待在小書房的角落，坐在白色皮質躺椅上，電視與閱讀燈都開著，攤開的報紙擱在胸上，睡著了。

他的手背與前臂的皮膚薄得像紙，布滿紫色瘀青。因為他有心臟病，服用了抗凝血劑。他的頭髮幾乎掉光了，只剩下兩鬢與後腦勺幾綹灰白髮絲，濃密的眉毛也已經變白，兩耳都戴著助聽器，下巴與兩頰的鬍渣如今也已灰白。

我輕聲喚醒他，聊了一下今天發生的事。

接著我說：「爸，我想問你關於我小時候的一些記憶，可以嗎？」

他回答：「怎麼問？」他的聽力不太好，但嗓音依舊低沉有力。

我又說了一遍：「我會問你一些問題。」

「沒問題，問吧。」

我問當年他早上離家時，我是否站在窗邊，而且非常不高興。

他說：「我記得你那時候愛發脾氣。」他的嗓音很冷靜，不帶感情。「我只要去上班，你就會這樣。」

他說我「愛發脾氣」，所以我推測那種情況不只發生一次。

我繼續問：「但是當時媽不是待在家裡嗎？」

「什麼？」

我又說了一遍，這次說得大聲一些：「媽媽沒工作，她一定是待在家裡，對吧？」

他說：「她確實待在家，而我試著把你交給她照顧。」

我問這情況持續了多久，我以為他會說幾天或幾星期。

他說：「這種情況持續了一年。」

噢。

「你不要忘了，你媽媽當時身體不好。」

我媽快三十歲時染上了小兒麻痺，當時大家總說她的病情不嚴重。

他繼續說：「我是家中堅強的那個人，父兼母職，哄你們睡覺，叫你們起床，為你們準備食物。不過我沒有太多時間，我得把你們都送到學校，然後去上班。所以當時家裡才會請了這麼多幫手。我以前常對你們這些孩子說，我過世以後，你們要在我的墓碑上寫：『他不只是爸爸，同時也是媽媽。』」

我與爸爸一起安靜地坐著，過了一會兒，他睡著了。我關掉閱讀燈，將電視調成靜音，離開前輕輕吻了他。我的臉頰貼著他的臉頰，感受那種刺癢的安心。

爸爸提到的「這麼多幫手」，包括兩位住在家裡、全天候照顧我的保姆。第一位是凱莉女士，她來我們家時已經快七十歲了。爸爸為她整理了閣樓房間，從我出生後她就搬進來了。然而就在我剛滿一歲時，她因心臟病發過世，於是我的父母找了另一位赫本太太來照顧我。

我完全不記得凱莉女士或赫本太太，但我確實記得媽媽在我三歲時，帶我去了兒童心理治療師的辦公室，因為我有口吃。我坐在辦公室裡的一張大椅子上，試著回答他的問題。接著他與我媽媽說話，要我在外面等。

多年之後，我向媽媽詢問這件事。她說那位醫生建議他們解僱赫本太太，而他們也照做了。

我問：「為什麼要解僱她？」

「他說我應該親自照顧你。他說，這個孩子不知道誰是他的媽媽。」

當我趕到教室時，哈利教授已在螢幕上放了一張投影片，宣布考試即將到來。他也放了一張畫了幽靈的投影片，上面寫著「萬聖節快樂」，藉此讓大家的心情輕鬆一點。

他宣布：「下星期有我特別喜愛的節日，做應景打扮來上課的人將會得到適當的獎勵。」他低頭看著筆記，停頓了一會兒，接著又抬頭。「如果你說自己裝扮得像大學生，那不算數。」

哈利教授首先複習了心智模式的概念，他指出，我們的依戀模式一旦形成，隨著年紀增長，「不僅會影響親密關係，也會影響我們在其他各種情況下的行為與反應。」

舉例來說，他認為依戀理論非常適用於人們與寵物的關係，以及人們與上帝的關係。

寵物與上帝？

「我不是指上帝等同於寵物，我只是說這個過程可能很相似。你可能會安心地依戀上帝，或者焦慮地依戀祂。『我擔心上帝對我的看法，取悅上帝一直讓我感到憂慮。』或是帶有逃避的心態。『上帝不關心發生在我身上的事。』」

哈利教授要求我們做個心理實驗。

「請閉上眼睛，試著回想你的父母或情人曾經做了哪一件事，讓你加深了對他或她的信任感，再回想讓你信任感扣分的另一件事。」

我立刻想起三歲時發生的一件事，當時我試著自己換衣服，但不確定哪隻襪子要穿在哪隻腳上。我媽在另一個房間裡講電話，我大聲呼喚她，詢問襪子的事，她大聲回答：「沒關係，穿在哪隻腳上都可以。」但我認為她沒有說實話，所以我沒穿上襪子。

哈利換了一張長條圖的投影片，顯示在某項研究中，人們被規定在一定時間內回憶兩樣情境，並檢視想起這兩樣情境的速度，結果發現安全型依戀的人想起正面回憶的速度快於負面回憶，但逃避型與焦慮型依戀的人想起負面記憶的速度快於正面記憶。

他解釋：「這些心智模式能讓我們的大腦輕易理解某些信念與期待，讓它們永遠優先出現在我們的腦中。這些心智模式就像電腦作業系統，掌管一切，而且不讓大腦做出它不喜歡的事情。」

接著哈利教授放了一張寫著「成年依戀模式」的投影片。這張投影片上有兩個座標軸，一個座標軸標為「逃避程度」，另一個座標軸標為「焦慮程度」。

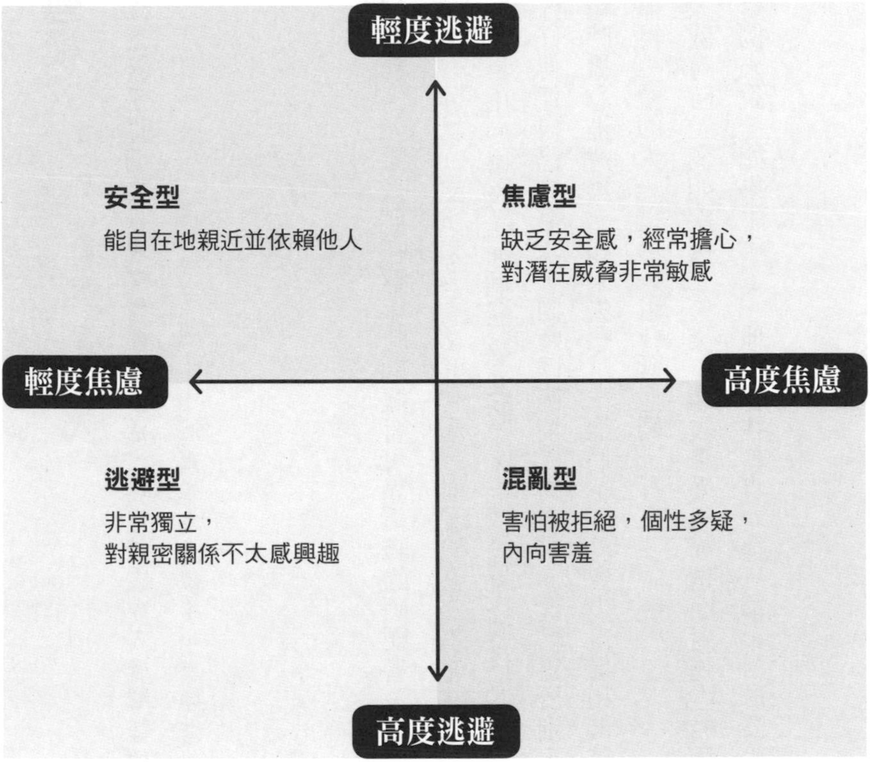
輕度逃避
安全型
能自在地親近並依賴他人
焦慮型
缺乏安全感，經常擔心，
對潛在威脅非常敏感
輕度焦慮
高度焦慮
逃避型
非常獨立，
對親密關係不太感興趣
混亂型
害怕被拒絕，個性多疑，
內向害羞
高度逃避

三種依戀模式

有一條線連接了你躺在母親臂彎裡的生活，與你躺在愛人臂彎裡的生活。

——心理學家希奧多．華特斯（Theodore Waters）

安全型依戀

哈利教授解釋，如果人們在童年時期擁有可靠稱職的照顧者，他們對親密關係通常感到自在，願意相信別人，並允許自己表現脆弱。他們會認為其他人基本上都是好人，並預設他人的行為都是出於善意。他們談戀愛時，會期望情人同樣充滿了愛，並適時給予回應。他們能好好傳達自己的需求，同時回應情人的需求。他們對於別人的拒絕不會過度敏感，也不會隨時擔心被遺棄。如果失戀了，他們不至於喪失自信和自尊，而是相信自己會找到另一個值得去愛的人，這個人也會愛他們。

面對重大威脅時，例如疾病、失業、痛失摯愛，或是面對死亡的恐懼時，他們更懂得管理情緒。舉例來說，如果生病了，他們往往務實看待病情，對於醫生及療法有信心。他們會面對疾病，並將焦點放在病癒的可能性。

結論是，如果人們很幸運，在童年時期形成安全型依戀，這種人通常是最棒的伴侶。他建議：「如果你缺乏安全感，可以找安全型依戀的伴侶，這樣你就領先五步了。」

逃避型依戀

教授說，如果照顧者沒回應孩子，基本上等於在對孩子說：「請自己照顧自己。」有這種經驗的孩子，長大成人後多半覺得「親近別人讓我很不自在，我發現自己很難相信別人或者對人敞開心房，也很難允許自己依賴別人。我的伴侶期望的親密程度，往往超過我所能接受的程度。」

他繼續解釋：「逃避型依戀的人在一段感情中付出較少，他們就是比較不在乎。他們會說：『這種親密關係都是屁話。』他們堅信自力更生，認為必須自行解決所有問題。他們不喜歡自我表露，而且不贊同別人這麼做。他們在社交場合可以表現得很迷人，但通常不是讓人感到窩心體貼的那一種，而是展現擅長娛樂別人的那一面。逃避型依戀的人在談戀愛時，不擅長提供伴侶所需要的支持。如果兩人發生衝突，他們往往會疏遠對方。」

就情緒管理方面，逃避型的人面對威脅時，無論是疾病、失業或悲傷，他們往往會否認自己的感受，不願依賴他人的協助，而且通常會試著自行解決。

焦慮型依戀

如果照顧者反覆無常，孩子成年後多半會渴望親密，但同時對於一段感情中潛在的威脅非常警戒，時常擔心可能發生的事。哈利教授解釋：「焦慮型依戀的人會說出這樣的話：『我擔心伴侶不想和我在一起，我發現其他人不如我所希望的一樣與我親近。我想與對方合而為一，這種渴望有時會把別人嚇跑。』」

他繼續說：「主要原因在於，他們認知到『我希望媽媽安慰我時，她沒有這麼做，或者至少我不能指望她，一定是我不討人喜歡，所以我得密切注意別人的動向。』焦慮型依戀的人也會出現『過來、走開』的情況，這是因為他們渴望親密關係卻又內心拉扯，反映出他們極度需要感情生活，又討厭自己因為沒有感情生活而感到如此不安。他們往往對伴侶吹毛求疵，如果伴侶沒注意到他們，他們會感到失望或被拒絕。他們常常會為了這類的事感到心神不寧，情緒大起大落。『是，就是這樣！不，不是那樣！』他們極度需要情感連結，又討厭這種不安全感，這樣廣泛的矛盾心理正是焦慮型依戀模式產生的人格特徵。」

焦慮型依戀的人面對生存威脅時，往往很難調整情緒，例如摯愛的人過世時，他們悲傷的時間往往比其他人來得更長，悲傷的程度也更深刻。他們生病時會迫切希望有人能讓他們的病情「好轉」，卻不願相信醫生，同時「放大問題」，想像最糟的結果。

基因

優秀基因或許決定你手上擁有的牌，但經驗決定你會打出的牌。

——精神科醫師湯瑪斯．路易斯及其同事

哈利教授繼續講課，並提出了一個問題：「但這種事不也可能是遺傳嗎？」我敢說許多人都有這種想法。

「這個問題問得好。我們認為遺傳雖是依戀模式的其中一個因素，卻不是支配因素。」

他提到了「交叉撫養」實驗。

「你可以找一隻擁有易焦慮基因的老鼠。」他接著說：「假設這隻老鼠由一隻擁有安全感的雌鼠養大，這隻老鼠是否會像雌鼠一樣有安全感？或者牠會因為基因而變成易焦慮的老鼠？」

他解釋「焦慮基因」是5－羥色胺轉運體（5HTT）的其中一個受體，這種基因負責調節神經傳導物質血清素的攝取，所以與焦慮及憂鬱有關。

「我們發現，照顧者極度焦慮的情緒與焦慮基因結合，會產生最焦慮的後代。照顧者的一些行為似乎會引起孩子的焦慮，等於是火上加油。要知道，我們剛出生時，大腦迴路是可塑的，充滿彈性，等待著任何經驗來將以揉捏塑形。但隨著孩子成長，這些彈性會慢慢減弱，因此照顧者的行為將會加強或防止孩子發展出焦慮感。」

事實上，研究人員付出大量心力，卻仍舊無法找到基因與依戀模式之間的明確關聯。在一項研究中，研究人員檢視了超過兩百五十萬人的基因體，結果發現基因與依戀模式之間沒有明顯關聯。

不安全感的優點

哈利教授指出，雖然安全型依戀最容易讓人們找到伴侶，並維持長期穩定的感情關係，但我們不必將不安全型依戀視為疾病，好似被宣判了一生感情不順的命運。畢竟，如果逾半數的人口容易產生不安全感，從演化的角度來看，我們可以期望它能帶來一些好處。事實上，嬰兒時期的不安全感可以讓孩子擁有更強的適應力。如果兒童處於不穩定的情感關係中，不安全感可以提供保護——對於焦慮型依戀的孩子來說，不安全感能讓媽媽或其他照顧者注意到他們；至於逃避型依戀的孩子，不安全感可減少他們因被拒絕而感到難過。在這些情況下，比起繼續表現得像安全型依戀的孩子，這兩種選擇更有效。

此外，對於成年人來說，新興研究顯示，逃避型依戀與焦慮型依戀對個人與社群都帶來了好處。

以色列研究人員沙馳・艾因鐸（Tsachi Ein-Dor）等人提出，在人類早期聚落中，焦慮型依戀的部落成員一向對威脅的初期跡象相當警戒，他們發揮了「哨兵」的作用，提醒他人注意危險。逃避型依戀的部落成員傾向於自立自強與獨立行動，他們發揮「快速反應者」的作用，採取關鍵行動來保護社群。

就個人層面來說，不安全型依戀也帶來一些好處。逃避型依戀的人自立自強，特別擅長需要單獨旅行或長時間獨立做事的工作。此外，如前所述，焦慮型依戀的人對於威脅很敏感，他們可以早早發現異樣或不對勁的地方。

焦慮型依戀的人通常對於容易激發情感的情境極度敏感，因此作家、音樂家和藝術家大多屬於這個類型。舉例來說，約翰．藍儂的歌曲〈母親〉一開頭的歌詞是：「媽媽，妳擁有我，但我從未擁有妳。」請試著與保羅．賽門向母親致敬的歌曲〈對我的愛堅若磐石〉做比較：「媽媽愛我，她愛我。她跪下擁抱我，她對我的愛堅若磐石。」

哈利教授開始為這堂課做結語。

「所以一旦你形成了不安全型的依戀，你就會永遠困在這種模式之中嗎？」

答案是肯定的，也是否定的。

正如鮑比所言，依戀類型的心智模式「往往維持固定不變。」目前對於終生依戀模式固定度的最準確估計是百分之七十至七十五。教授解釋：「這意味著，如果我們按照依戀模式將人們分類，那麼其中七成至七成五的人的依戀模式一生都不會改變。」

習得的安全型依戀

至於那些無法擺脫不安全感的人，哈利教授希望大家能了解還有「習得的安全感」這個概念。

我快速掃視全班，發現每位學生都專心聆聽。

哈利教授解釋：「如果你的出身背景顯示你應該屬於不安全型依戀，而你卻不是，那麼你就屬於習得的安全型依戀。」

習得的安全型依戀來自下列兩種情況的任何一種。首先，在你的生活中，有另一個人（非照顧者）代替了照顧者，與你建立了有意義的穩固關係。在童年或青春期，這個人可能是阿姨、叔叔、養父、養母、教師、心靈導師或教練；成年後，這個人可能是情人、配偶、治療師。「你與深深影響你的人共同經歷一些深具影響力的事。」第二種情況是，你透過深刻反思，有意義地深入了解自身經驗（通常是借助治療師的協助），說服自己：「我的童年經驗真的很糟糕，但或許我可以做得更好。」這種做法也能讓你獲得安全感。

大多數情況下，「習得的安全型依戀」來自有意義的穩固關係加上個人洞察。「擁有習得的安全感的人，原本可能會過得一團糟，但他們透過生活經歷獲得安全型依戀。」教授補充：「他們仍然會感到焦慮或想要逃避，但他們知道如何面對這種情緒。」

上課時間快結束了。

哈利教授說：「比起『我能不能改變』這個問題，更好的問題是『即使我依循原本的依戀模式過日子，有沒有方法能解決一些不好的事？』答案是肯定的。即使你無法改變依戀模式，但意識到它的影響後，你或許可以改變結果。如果你能改變結果，那麼誰在乎你究竟屬於哪種依戀模式呢？」

放眼望去，班上的學生大多剛脫離青春期。他們正套上運動衫與外套，準備離開教室。我現在意識到，除了筆記型電腦與背包，每個人都帶著一種依戀模式。這是他們的童年經歷形成的結果，他們無法控制，而且幾乎想不起那些經歷。我想著他們的依戀經歷會如何影響他們的感情關係，包括那些歷久不衰與無法持續的友誼、激情、心碎的事、婚姻，或許還包括離婚，甚至他們選擇的職業。我希望他們在課堂上學到的一些知識，能讓他們的未來更平順。

聽了幾堂課之後，我意識到自己可能屬於焦慮型依戀，而且或許這六十年來都是這樣。不過哈利教授說，這些依戀分類的重點在於「程度」，所以我有多焦慮？我能像哈利教授建議的那樣，利用它的優點，找出方法來解決不好的事嗎？依戀模式展現了人類性格中重要且迷人的面向，雖然我的依戀模式早在幾十年前就已建立，但我對這方面的研究才剛剛開始。

2 五個形容詞：評估成人的依戀模式

上完哈利教授的課，幾個月後，我約了精神科醫師馬里修・克提納（Mauricio Cortina）在華府見面喝咖啡。我們互通了電子郵件，還打過一通電話，但這是我們第一次碰面。我想知道他能不能光是透過我們聊天的內容，就判斷出我的依戀模式，接著我意識到這種想法本身可能就是焦慮型依戀模式的證據。

六十七歲的克提納醫師身材中等，嗓音溫柔，有著一張圓臉和逐漸稀疏的頭髮。那天是星期二，他通常不看診，所以穿著polo衫、卡其褲和運動鞋，打扮得很休閒。他答應花些時間為我做「成人依戀訪談」，這種訪談被視為判斷成人依戀模式的黃金標準。不同於判斷兒童依戀模式的「陌生情境測驗」，成人依戀訪談的宗旨在於判斷成人目前的依戀狀態。

一九七〇年代，克提納醫師從事精神病學臨床實務後不久，開始閱讀約翰・鮑比的著作。他對我說：「我心想，天啊，這真是好東西！這個理論探討脆弱的情感關係與信任關係，雖然它不是萬能理論，因為除了依戀之外，還有別的東西會影響人的個性，但它抓住非常重要的核心。」

以他的話來說，他成為依戀理論的「早期採用者」，在華盛頓精神病學院創立了「依戀與人類發展中心」，並且受訓執行成人依戀訪談。

一九八〇年代中期，加州大學柏克萊分校的心理學家瑪麗·緬因（Mary Main）及其同事設計出成人依戀訪談，用於評估一個人的依戀模式。過程中，受訪者被問及童年時期親子關係的開放式問題，也會問到令他們感到不舒服、受威脅、遭拒絕的經驗，以及所有可能影響他們成年後性格的問題。訪談的過程不是為了確定訪談對象究竟有什麼樣的童年經歷（因為記憶太不可靠了），而是找出人們看待自己與他人關係的「心智模式」。二〇〇九年的一份報告指出，荷蘭研究人員評估過去二十五年內逾一萬五百次的成人依戀訪談，發現編碼系統[1]「在各個國家與文化中都非常重要。」

1 編註：為了驗證假設而觀察的人類行為反應，必定需要經過編碼，才能轉換成可分析的資料。編碼方式取決於實驗的設計方式，已被心理學研究者廣泛使用的設計，都有建議的編碼方式。

克提納醫師告訴我：「我深深相信依戀理論，有時也會運用在心理治療上。我與身為父母的患者討論依戀理論時，他們也會欣然接受，因為他們很清楚自己與剛出生的孩子之間的關係對孩子將來的發育至關重要。」

我問克提納醫師：「了解自己的依戀模式，對人們的生活有幫助嗎？」

他說：「當然。就情感回應來說，我們對他人的期望構成每個人心理與人際關係的重要部分。我能依靠你嗎？你能依靠我嗎？這並非心理學的全部，卻是研究人類心理的要素。」

後來我們談到，依戀模式只是一個人整體觀點與行為的其中一個面向。就算某個人屬於安全型依戀，不代表這個人一輩子都不會遇上感情的壓力、心痛，甚至憂鬱等。顯然除了依戀心理外，一直有其他因素影響著我們。

克提納醫師提到基因，也提到文化環境（家庭、經濟、教養）決定了哪些基因會表現出來，哪些基因沒表現出來。他提到兄弟姊妹與同儕，也提到更廣泛的文化因素，包括制度與學校。這些因素與其他因素都有助於塑造一個人的個性。除了依戀理論的術語，我們還有其他方式來描述一個人的性格，舉例來說，心理學家談到的「五大性格特質」：外向性、親和性、經驗開放性、勤勉審慎性和情緒穩定性。

克提納醫師說：「儘管如此，依戀理論為臨床醫生提供了更多工具來理解人類的個性與行為。」

我問克提納醫師：「請問你知道自己的依戀模式嗎？」我希望這麼問不會太冒昧。

他曾讓一位同事為他做成人依戀訪談，雖然他從來沒有正式計算過分數，但他猜測結果是「帶有逃避型依戀要素」的安全型依戀。[2]

克提納醫師解釋自己的依戀模式根源，他說：「沒有多少證據顯示我的媽媽能察覺並回應我在情緒上的需求，即使小時候她都陪在我身邊。我爸媽愛我，我跟爸爸之間的關係很正面。我在成長過程中很少依賴他人，我完全沒意識到這一點，直到我接受治療後才發現。」

他的母親活到一百歲，去年冬天去世。我問他是否與母親談過這些事。

他說：「沒有。她完全沒注意到這件事，這只會讓她傷心。她真心愛著我們，卻完全

2 作者註：嚴格來說，成人依戀訪談將人們歸類為「安全型依戀」、「拒絕型依戀」和「糾結型依戀」。這些術語類似於我在本書中使用的常見術語（安全型依戀、逃避型依戀、焦慮型依戀），為了簡單起見，我將繼續使用相同的術語。

沒有意識到自己的行為對我們毫無幫助。如果我繼續探究，只會害她傷心難過。」

我們聊起他的依戀模式，似乎打開了一扇門。克提納醫師開始對我訴說更多他的故事，包括他離婚與再婚的事。他認為自己很幸運能與第二任妻子結婚，但他在剛結婚不久後恐慌症發作，那段期間兩人都過得很辛苦，而孩子則成為他的精神支柱。他提起早已成年的孩子，其中一人考慮當治療師，他還談到他的孫子，也聊起母親過世後，他成為母親遺囑的執行人，努力調解六個兄弟姊妹之間為了遺囑而發生的衝突。

我很驚訝，這位精神科醫生竟願意向我傾訴這麼多私事，並暗自慶幸自己是個優秀的訪談者。克提納醫師看著我的眼睛說：「皮特，我願意與你聊這些事，因為等一下我會問你非常私人的問題。有些問題可能會讓你想起痛苦的回憶，所以我想先跟你聊些我的事情，純粹是為了公平起見。」

喔。

然後我們一起開車到他位在馬里蘭州銀泉市的住家兼辦公室，他將在那裡為我做成人依戀訪談。

「好的。」克提納醫師在書桌上放了一個小型卡式錄音機。「等你準備好，我們就可以開始。」

從咖啡館到他家的路上，我開始能自在地直呼他的名字。

「我準備好了，馬里修。」我放下筆記本。

他的住處是棟兩層樓的簡樸房子，我們坐在一間堆滿書本的寬敞房間裡。他坐在書桌前的旋轉椅上，轉過來與我面對面，我則坐在附近的沙發床上。

成人依戀訪談持續約一個小時，包括依序提出的二十個問題及具體的後續追蹤。訪談同意書要求受訪者同意錄音與謄寫錄音內容，以便之後能由獨立的第三方加以評分。成人依戀訪談的其中一位開發人員，加州大學柏克萊分校的艾瑞克・赫塞（Erik Hesse）提醒，接受成人依戀訪談「並不像表面那麼容易，」受訪者必須回答關於個人人生經歷的複雜問題，以及「先前從未被問過」的許多問題。訪談將保持快速的節奏步調，其中一個目的是要「出其不意地接觸潛意識。」赫塞提醒，總體來說，「這個過程往往看起來比預期更有影響力。」訪談之後的編碼並非搜尋受訪者的話，而是找出敘述內容是否連貫或充滿「矛盾與不一致。」

我將詳細敘述自己在成人依戀訪談所說的內容，因為我希望大家能了解成人依戀訪談是怎麼回事，並模擬這個強烈的體驗。

如果你想接受成人依戀模式的專業評估，可找經鑑定合格的專業人士，例如克提納醫師，可參見書末資源與延伸閱讀部分。請注意，一些研究人員勸阻人們不要做成人依戀訪談，因為訪問者或記分員的錯誤可能導致不準確的結果，他們偏好由經過鑑定合格的治療師提供成人依戀訪談，這些治療師可根據對患者的廣泛了解來解釋結果。然而其他依戀理論專家認為，接受成人依戀訪談後對於自我的進一步認識比風險來得重要。克提納醫師說：「成人依戀訪談可為一個人提供關於自我的有用訊息。」最重要的一點是，請記住，任何測試都可能受到人為錯誤的影響，所以如果你選擇接受成人依戀訪談，那麼請據此衡量結果。另一個選擇是做「親密關係體驗量表」，也就是附錄中轉載的「依戀測驗」，來衡量成人依戀訪談以外的不同因素。

馬里修按下錄音鍵。「好的，我們從第一個問題開始吧。」

他溫和的聲音帶有一種略微正式的音調，我猜他正逐漸轉換為精神科醫師的語氣。

他說：「好的，請協助我了解你的家庭，可以的話，請跟我說你住在哪裡，以及在哪裡出生。如果你經常搬家，請問你的爸爸與家人靠什麼謀生？」

房間裡十分安靜，只有袖珍型卡式錄音帶在旋轉時發出微弱的嗡嗡聲。

我開口：「我出生於紐約的羅徹斯特，有一個大我十歲的哥哥與一個大我七歲的姊姊。我爸爸和他的兩個哥哥合夥做生意，創辦了一家印刷公司。」

馬里修問：「你經常搬家嗎？」我沒回答這個問題。

我告訴他，一九五七年，那年我四歲，我的家人在郊區蓋了一棟新房子，所以我們從城市搬到了郊區。五〇年代末，人們大規模從城市搬到郊區，我們也是其中一分子。

他問：「有任何其他成年人住在家裡嗎？」

我的父母僱了好幾個人住在家裡當幫手。「我姊姊出生時，我媽媽感染了輕微的小兒麻痺症，所以我出生後，父母僱了一名老婦人住在家裡幫忙照顧我。」

他問：「你對她有任何記憶嗎？」

我說：「沒有。但其實當時有兩位保姆，一位去世了，另一位被解僱了。」

「所以，你會說是誰撫養了你？」

不到兩分鐘的時間，馬里修就照著成人依戀訪談的訪綱，成功碰觸到我幼年時期的核心問題。

我大聲又緊張地笑著說：「這個問題價值六萬四千美元。我其實不知道誰撫養了我，我不認為是我媽。」

馬里修說：「好。」他沒表現出任何情緒。

我問：「我的意思是，你希望我回答得更深入嗎？我談這件事可以談很久。」

他說：「我感興趣的是，你覺得是誰撫養了你？」

毫無疑問，馬里修身為執業的心理治療師，過去三十年來一直在鍛鍊訪問技巧。雖然那天早上他是按照準備好的訪綱進行訪談，但他訪問時極為專注。我們在咖啡館時，他低微的聲音有時讓我感到挫敗，因為我很難聽得清楚，而在他安靜的辦公室裡，他的聲音讓人寬心，甚至讓人平靜下來。我很放鬆，並渴望盡可能完整誠實回答他的問題。

我說：「我想可能是我爸爸撫養了我，我對媽媽的記憶非常少……也完全不記得保姆的事。家人跟我說，大約在我一歲時，第一位保姆突然心臟病發，第二位保姆取而代之。我見過第二位保姆的照片，但我對她沒有任何有意識的記憶。後來因為我開始學說話時出現口吃症狀，我爸媽很擔心。媽媽帶我去看精神科醫師，他們接受醫師的建議，解僱了第二位保姆。多年後，我問媽媽這件事，她說精神科醫生對她說：『這個孩子不知道誰是他媽媽，妳必須開除保姆，當他真正的媽媽。』」

馬里修詢問這件事發生的時間，我說這一定發生在我三歲左右。

儘管馬里修很專注，語氣也讓人寬心，但我仍覺得分享這些私事很不自在。這些都是非常私人的事，而且帶著情感與情緒，有些事甚至讓人尷尬。而我的傾聽者沒做出任何評論，只是繼續問下一個問題。

後來我讀到成人依戀訪談的架構時，發現快節奏提問的目的是引出不經修飾的誠實答案。當時我覺得分享這些事很奇怪，馬里修甚至不會像精神科醫生一樣說出「我可以想像那很不容易」那種句子。

馬里修說：「我們繼續吧。我希望你選擇五個形容詞，分別描述你與爸爸的關係以及你與媽媽的關係。慢慢來，要想出五個形容詞並不容易。接著我會問你選擇這些形容詞的原因。你可以選擇先從爸爸或媽媽開始回答。」

這似乎是個奇怪的要求，但我願意照做。

「好，那先從我媽開始。描述她的五個形容詞？」

「描述你與她之間關係的形容詞。」

「哦，關係。好，但要描述哪段時期的關係？」

他說：「盡可能回溯，再往現在的時間靠近。」

我後來明白，「五個形容詞」是成人依戀訪談的關鍵環節。艾瑞克．赫塞博士解釋，受訪者被要求當場提供的「一組形容詞」，等於是「童年關係本質」的概要。一旦受訪者提供了形容詞，其實就是對自己與父母的關係採取了立場。這個問題將「有系統地」刺激受訪者，喚醒其特定記憶做為選擇每個形容詞的依據。

我提供的前兩個形容詞是「遙遠的」與「不信任的」。「但是從我五歲開始，我們搬家以後就是『溫暖的』、『慈愛的』、『可靠的』。」

然後他要求我說明每個形容詞的具體記憶。

馬里修說：「我們先從『遙遠的』開始。」

我回答：「嗯，我會說『遙遠的』，是因為我沒有關於她的任何記憶，不記得與她有任何身體接觸。我想不起她抱著我、安慰我，或是感覺她陪著我的任何例子。」

他問：「那麼『不信任的』呢？」

我對馬里修說起穿襪子的故事。我問她哪隻襪子該穿在哪隻腳上，她說穿哪隻腳都沒關係時，我認為她沒說實話。我還告訴他，我爸早上出門工作時，雖然我媽在家，我還是會鬧脾氣。

「好，那我們繼續下一個形容詞，『溫暖的』。」

「嗯，我們搬到新房子，住在新社區，我去新學校上學。我的記憶就像是，突然間，我的媽媽總是陪在我身邊，晚上送我上床睡覺，平時會參加學校的活動，就像普通的媽媽一樣。」

馬里修追問：「有沒有她總是陪伴你的實際記憶？」

沒有。不過這時我想起另一位總是陪著我的人。

「我們搬到新房子後，僱了一位非裔女管家，她的名字是艾琳，當時剛與家人從南方搬來。我和她很親近，事實上，我放學回家後，她才是那個總是陪著我的人。而且我會……我不知道，記憶中，我回到家時，媽媽經常不在家，但艾琳在，我總覺得她已經完成當天的工作，還會為我做點心，有時我們會玩牌。她和我媽不一樣，她是堅強的女人，身體強壯豐滿。我認為她的心智也很堅強，而我深受吸引。」

我們順著年紀，繼續談論「慈愛的」與「可靠的」。現在來到我的小學與中學時期，這段期間我住進了新房子和新社區，我立刻想起我對媽媽充滿愛與信任的特定記憶。

馬里修說：「好，現在請以同樣的方式敘述你的父親。五個形容詞，從你最早的記憶開始。」

我毫不遲疑地提出五個形容詞：悉心照顧的、霸凌的、遙遠的、慈愛的、沒回應的。

他說：「好，我們從『悉心照顧的』開始。」

我跟他說起爸爸將我扛在肩上，帶我上樓睡覺的清晰記憶。我告訴馬里修：「我永遠記得的片段是，我的身體向前傾，這樣一來，我的臉頰就會緊貼著他的臉頰，因為這時一天就要結束了，我能感覺到他粗糙的鬍鬚，我猜那是當天剛長出來的鬍渣。我記得他扛著我，我感到很安全，我也記得自己攬著他的脖子，感覺相當親近。」

馬里修問道：「這個記憶是在你搬家之前，對吧？四歲左右？」

我說：「可能是三歲。」

就在這時，錄音機發出喀嗒一聲。

我問：「你要換錄音帶嗎？」

馬里修處理錄音機時，我環視整個房間。書桌附近的架子上放了一張裱框照，照片裡是一位戴著寬邊遮陽帽的迷人老婦人。馬里修隨後證實了我的猜測，這張照片裡的人是他媽媽。我覺得她看起來很和善，完全不像馬里修描述的那樣「疏忽」。但我不是她的兒子，她也沒養育過我。

「好。」馬里修按下錄音鍵，說道：「我想重複一次。你敘述父親的第一個形容詞是『悉心照顧的』，這是你對他的動覺記憶。你能再說一次嗎？」

我問：「動覺？」

他說：「觸覺。請再描述一次。」

我再次說道：「噢，他將我扛在肩上，帶我上樓睡覺，我的臉頰緊貼著他的粗糙鬍鬚。」

「你提到關於父親的第二個形容詞是『霸凌的』。」

「對。嗯，這是悉心照顧的反面。他有時會很粗暴。我記得有一天，我那時大概三、四歲，不想去幼兒園，所以躲在書房的一張休閒椅後面。我爸命令我出來，我沒出來，他走到椅子後面抓住我的手臂，把我用力拉出來。事實上，他把我拉到了屋外。」

如果馬里修詢問的話，我可以跟他說我爸抓了我手臂的哪個部位。我的手臂沒傷痕，他沒傷害我的身體，只不過五十六年後，我很確定自己還記得那個部位。

「你提到的第三個形容詞是『遙遠的』。」

我告訴他，那是因為當我年紀再大一點，我與爸爸的關係似乎變得有點不自然或尷尬。我記得有一次參加幼童軍的活動，是父子晚餐的活動，我希望他帶我參加，但就連有這個念頭都讓我感到窘迫。我解釋：「我們去了，但感覺很尷尬。」有一次，我請他帶我去看馬戲團表演，也是同樣情況。相較之下，我覺得他與我哥哥姊姊相處起來似乎自在多了，也更親密。他更常參與他們的家庭作業與學校活動。

我補充說：「我在六年級參加學生會的競選時，必須對全校演講。他真的來了，站在聽眾席後方專心聽。那對我來說意義重大。」

「好，那我們繼續討論第四個形容詞『慈愛的』，好嗎？」

我笑著問道：「我說了這個形容詞嗎？好吧，我確實覺得他愛我。」

「你想得起來可以具體說明這個形容詞的事件嗎？」

「嗯，他帶我上樓睡覺時，非常慈愛。」我停頓片刻。「我真希望有更多關於這件事的記憶。」我再次停頓。「我爸爸是成功的商人，讓我們衣食無憂，我認為這就是他對我們表達愛意的方式。他幾乎每天都回家吃晚餐，大概從我讀小學四年級開始，他會教我寫作業。」

馬里修說：「好，我們接著討論最後一個形容詞。」

「我說了哪個形容詞？」我意識到自己想不起來幾分鐘前才說過的第五個形容詞，笑了出來。

他說：「『沒回應的』。」

「嗯，他在我身旁，但我與媽媽的互動比較多。」我講完這句就打住不說了。

馬里修看著訪綱準備下一個問題時，我好奇地想著，如果有一天，我深愛的孩子用五個形容詞描述我們之間的親子關係，我會有什麼感覺？

馬里修問：「小時候，你不高興的時候，你會做什麼？」

我說：「哭，發脾氣，找姊姊。我姊一直都很認真照顧我，她會安慰人，還會鼓勵人。我不會特別去什麼地方，我不記得有任何地方能讓我覺得安全。」

我繼續說：「我媽有點軟弱，在某種程度上，她的安慰與養育對我來說沒那麼重要。她似乎很依賴我爸。我想這就是艾琳吸引我的原因，她從住處轉搭兩班公車，在距離我們家一英里的地方下車，走路過來，無論什麼天氣都是如此，包括暴風雪的時候。從上午九點到下午三、四點，她在我們家工作。工作結束後，她走去搭公車，轉搭兩班車回家，照顧她的家人。在我看來，她總是陪著我。她很有耐心，身體強壯，有時間照顧我、陪我玩。如果我放學時下起大雨，她會到公車站接我，陪我走回家。我知道我會得到她的關注，所以我放學回家後一定會去找她。」

我自言自語說完關於女管家的長篇大論，突然一陣茫然，於是笑著說：「我確定我們正在談論其他事情，但我已經忘了是什麼了。」

「嗯，我們在談論你不高興時會去哪裡，你有切中話題。」馬里修接著說：「我知道這個話題結束了，但這是一個重要的問題。我想知道，你是否記得自己沮喪或難過時，爸爸或媽媽曾經擁抱或安慰你嗎？」

我說我確定媽媽曾擁抱我，但我想不起任何特定的時間。

馬里修接著問，我記憶中第一次與父母分開是什麼時候。

我問：「分開？」

他說：「像是去露營。」

「我九歲時，他們送我去露營，待了整個夏天。現在回想起來似乎有些奇怪，但我要告訴你在那之前發生的一件事。那是解釋我家運作模式的好例子。我七歲時的某個星期天，我在家前面騎著腳踏車，我爸爸走到人行道旁邊對我說話。」這時我模仿當時我聽到的爸爸的低沉粗啞嗓音。「『把腳踏車放好，我們要去醫院切掉你的扁桃腺。』我想，喔，好的。那是我第一次聽到要切除扁桃腺。」

我笑著重述這個故事。

「在那個年代，小孩接受扁桃腺切除手術很常見，但我不知道小孩不知道自己要去醫院的狀況是否常見。總之，我把自行車放好，坐進汽車，他們開車送我去醫院。一小時後，我穿著睡衣，躺在床上。爸媽對我說：『你會沒事的。明天你醒來後，我們會來看你。他們會給你冰淇淋。』」我繼續笑著說：「我記得那天晚上與其他小孩一起進入公共休息室，接受某種手術。我記得自己當時想著，奇怪，我怎麼會來這裡？」

我告訴馬里修：「隔天我爸媽來了，他們帶我回家，我康復了。直到我長大後回想這件事，才覺得很古怪，但我也不確定到底有多不尋常。醫院會建議那個年代的父母這麼做。我曾經拿這件事跟家人開玩笑。」

馬里修問：「這些初次分離的經驗，你的父母有什麼反應？」

「嗯，我的爸爸可能是……」這時我再次模仿低沉粗啞的聲音：「『喜怒不形於色。』我媽媽則是非常縱容孩子……」這時我裝出尖銳顫抖的聲音：「『哦，你不必去，你可以改變主意，我們會來接你。』回想起來，這是最典型的兩種反應，爸爸拒絕任何情感經驗，媽媽沉浸在嚴重的恐懼與焦慮裡，這真是很棒的組合。」我笑著補充：「但我不推薦它！」

馬里修翻到訪綱的下一頁，問道：「好，小時候的你是否曾覺得被拒絕？」

「被誰拒絕？」

「你的父母。」

「多小才算小？」

「任何年齡。」

「這裡的拒絕是什麼意思？」

「嗯，你是否覺得，他們拒絕你尋求安慰或注意的努力，或是拒絕你對他們的需求？」

「是的。我四歲前住在舊家，特別是夜裡，在床上，我感到非常孤單，覺得被遺棄了。不過搬到新家與新社區後，我漸漸覺得受到重視，尤其是我哥哥姊姊去讀大學的時候。我的學業成績比他們好，我在學校表現良好，在學生會很活躍。對我爸媽來說，這些都是全新的體驗，我覺得他們很喜歡。」

「你在新家會覺得被拒絕或忽視嗎？」

「不會。但是你可能會懷疑我的記憶是否可靠，因為我的爸媽竟然會因為換了地方就徹底改變行為？」

「你覺得你父母為什麼會這樣對待小時候的你呢？」

「我認為他們不是出於惡意，我認為那只是他們對養育兒女的看法。他們還有七歲與十歲的孩子，這兩個小孩更需要父母的關注。我哥有情緒問題，或許很難管教。我爸從以前就不愛表現情感，現在仍然不愛。我媽確實因為小兒麻痺症而身體虛弱，但我認為她的主要問題是恐懼及焦慮。我覺得自己出生時，這個家庭已經完全成形，而我無法融入。事實上，現在我仍會有這種感覺，但我認為這絕對不是出於惡意。」

「你的父母是否曾以任何方式威脅你？」

「我爸爸有時會威脅我，打我屁股。他會用桌球拍打我屁股，但就只是這樣而已。」

「有任何身體虐待嗎？」

「沒有。」

「有冷戰或羞辱嗎？」

「沒有，只是嘲笑而已。我常因為太敏感而被嘲笑。此外，一直到小學五或六年級之前，我說話仍會口吃。這在家中是很丟臉的事，我會這麼認為的其中一個原因，是我的家人從未討論過這件事。話說回來，也有可能是世代差異。如果我在吃晚餐時試著說話卻說不出來，我爸會要我慢慢說，但口氣有點尖銳，不像是同情的理解，比較像是『你讓我很難堪』，或者『你不必這樣做』。」

「那讓你感到羞辱嗎？」

「是的，那讓我覺得羞辱。但我認為那不是故意。」

「他不是故意羞辱你？」

「不是。」

「但你感到羞辱？」

「對。」

「那麼除了你的家人，有其他人威脅你、懲罰你、羞辱你，或對你有影響力嗎？」

「影響力？我小學六年級的男老師後來變成我的籃球教練。嗯，我不知道該如何描述，他是我遇到第一個真正了解的我的男性，他信任我，而且幫助我越來越有自信。他成為我生命中重要的人，直到現在我仍與他保持聯繫。」

「所以他是非常重要的人。」

「對，我認為『他是男性』這一點很重要。」

「那麼你跟我提起的女管家呢？你是否與她保持聯繫？」

「她在療養院接受安寧療護，我在她去世的前一天曾去探望她。」

「所以這也證明了她對你很重要。」

我笑著說：「對，他們兩人就像一對代替的父母。當時我沒那麼想，但現在回頭看……」

我沒想過會在訪談時提到這段往事。我們的女管家在我十二歲時離職，後來在一家大型養老院當廚師，供她的孩子讀大學，還成為許多年輕人的良師益友，包括好幾代的神學院黑人學生。她退休時，羅徹斯特的市長宣布當天為「艾琳桑德斯日」，為了她辦了一場感謝晚宴。我和爸媽都去參加了。

馬里修說：「好，我們繼續回答下一個問題。你認為自己與父母相處的整體經驗如何影響你成年後的個性？」

我再度笑了。

「說真的，我認為它深深影響了我選擇結婚對象及養育孩子的方式。當爸爸是我長大成人之後最重要的一件事。小時候我經常聽到家人抱怨我『太敏感了』，直到最近我才把這件事告訴一位拉比[3]，她說：『家人指責你太過敏感時，你的正確回答是謝謝。』我了解她的意思，因為小時候的我的確較敏感纖細，而我能與妻子成功養育孩子，也多虧了我的敏感個性。我認為這項特質也讓我成為作家，探索重要的議題。所以敏感是好事。」

馬里修問道：「那麼不好的一面呢？你是否認為過去的經驗阻礙了你某些方面的發展？」

我說：「是的，當然。我不像自己期望的那樣能幹，我不相信自己對事物的判斷力，

3 譯註：拉比（rabbi）在猶太文化中有特別的地位，是學者、老師，也是智者的象徵，並在宗教儀式中擔任重要角色。

而我每天都得跟這種負面的感覺對抗。我的婚姻讓我們撫養出健全的孩子，但我的結婚對象對我來說並不是理想的伴侶，我也不是她的理想選擇，所以很遺憾，最後我們還是離婚了。我從自己的童年經歷看出許多端倪，不論好壞，這些經歷都對現在的我影響極深。壞的部分，我還在努力，但好的部分始終很好。」

「所以，你覺得父母為什麼會那樣對待小時候的你？」

「我們不是已經談過這個了嗎？」

「對，但某些問題可以讓你從不同的角度看同一件事。」

我開口：「很多事都是世代相傳。那是從前的人養育孩子的方式。我爸媽也受到他們父母的影響。我爸是奧地利與匈牙利移民美國的第二代，他們受德國文化影響，在家都講德語。他小時候經歷了美國經濟大蕭條的年代，我爸和兩個哥哥同睡一張床，他是最小的兒子，很清楚家裡窮，從九歲就開始工作。雖然他很聰明，但因為家裡沒錢，所以他沒機會讀大學，只得工作養家。根據我所聽到的，我的爺爺大多不在家，我奶奶非常堅強，但有時說話很酸，甚至刻薄。我爸努力在那種環境下長大，當了爸爸之後展現了這些值得稱讚的特質，而我也從中得到好處。

「我媽是家中最小的女兒，上有兩個姊姊。雖然出身中產階級家庭，但我認為她在童年時的某些情緒問題可能從來沒有解決。我不認為她是成熟的女性，那一代的美國郊區婦女不被期待有多大用處，她就是其中一人。

「我認為他們對我的教養方式與我們周圍的郊區住戶相比，不太可能有多少差異。」馬里修看著訪綱，並未立刻提出下一個問題，而是說：「我們休息一下。讓我檢查一下錄音帶，確保我們沒錯過什麼。」

他說我們只剩下幾個問題了。

我在暫停期間對他說：「我覺得我們已經深刻了解彼此了。」

「我告訴過你，這會是一場激烈的……」

我笑著贊同：「你說得對！」

他說：「好了，現在來錄音吧。皮特，你提到你爸爸還活著，那麼你媽媽也還健在嗎？」

「不在了。她在八十八歲去世，那是六年前的事。」

「那麼你能不能多談一些媽媽過世的事，包括你的反應是什麼？你有什麼感覺？」

我再度笑了。

「你真的想知道？嗯，她走得很安詳。她和我爸兩人住在公寓，她的精神狀況不錯，但身體逐漸衰弱，直到有一天感染肺炎，必須住院治療，隔天就去世了。」我接著說：「我沒有太多感覺，直到現在也一樣。但當時發生了一件事，就在她住院前幾天，我爸打電話跟我說她摔倒了，他無法扶她起來。我趕了過去，看到她躺在地板上，看起來很無助。當然，我把她扶了起來，但問題是我伸手扶她時，忽然湧出強烈的怒氣，想著：『我需要擁抱時，妳在哪裡？』當然，我沒說出口，但這就是我的想法。

「這件事發生時，碰巧我那陣子日子過得很難受。我剛與情人分手，我覺得被遺棄了，我非常寂寞。當時的我透過治療，逐漸了解自己的過去，明白自己談戀愛時碰到的一些難題可能歸咎於童年問題。所以總體來說，我當時很生氣，因為寂寞而感到憤怒。我把媽媽扶起來，但我就是感到憤怒。」

我停頓片刻，然後笑著說：「我忘了你的問題了！」

馬里修說：「下一個問題是，童年結束後一直到你成年這段期間，你與父母的關係出現了什麼樣的變化？」

這個問題比較安全。

我開始說：「我在中學時期與爸媽的關係很好。畢業後，我試著找到自己想做的事，同時感到有點緊張焦慮，因為我逐漸明白，我爸其實不了解真實的我。我花了很長的時間，努力不懈，才終於開始我現在從事的工作，也就是寫作與教學，而不是經商或法律。我爸爸比較喜歡後者，或者說他比較能理解那樣的工作。

「我的第一段婚姻維持了十七年。婚姻破裂後，我藉著養兒育女的經驗，開始探索自己的童年，並對爸媽開始產生愛、敵意和憤恨交織的感覺。我通常不會談論這種感覺。然而在我離婚之後，接下來的一段感情也沒能維持長久，讓我感到非常絕望。我在治療師的鼓勵下，把自己對童年往事的想法告訴爸媽，但結果不太好。老實說，當你說你選擇不對媽媽聊這種事，我心想，或許我當時也不該跟父母聊那些事，因為我知道那讓我爸感到傷心，而且我認為他並未因為我說的那些話而更了解我。我不確定說出那些話能有什麼好處，所以我有點佩服你的選擇。」

「謝謝你。」然後他接著問道：「你現在與父親的關係如何？你會怎麼描述？」

我說：「我喜歡我們現在的相處模式，我覺得和他更親近了些，至少大部分時間都是。這種關係半好半壞，他仍然因為我跟他說的那些童年感受而難過，我仍然覺得他不了解真實的我，不欣賞我的成就。不過我每天都打電話給他，每星期有幾天會跟他見面，一起吃晚餐，和姊姊一起照顧他。所以說這種感受很複雜。

「我曾預想他的死亡，並擔心那會影響我，因為我真的認為他是我的主要依戀對象。

當我爸離開的那天，我敢說我的反應會和我媽過世時很不一樣。基本上，我對媽媽的離開沒什麼反應。」

馬里修一樣，沒做什麼評論。「我想繼續討論另一種關係，也就是目前你與孩子的關係。你與孩子不再一起生活了，你有什麼感覺？你會不會擔心或憂慮與他們分開？」

「嗯，這是很好的問題。我的孩子分別是二十八歲、二十五歲和十八歲，我與他們和我的前妻都保持著良好的關係。我們真的維持得很好，我們還是朋友，並且一起想辦法在離婚後繼續養育孩子。孩子們都過得很好，我女兒與未婚夫住在華府，我來這的時候會和他們一起住。我另一個女兒住在紐約市，我們很親近。我的小兒子正享受美好的大一生活。我對這些關係沒有任何負面或讓人苦惱的感覺。」

馬里修說他很高興聽到這些話，或許他暫時跳脫了醫師的角色。

他繼續問：「經歷了這樣的童年，你有從中學到或得到什麼嗎？」

這個問題聽起來像總結，我們的訪談一定已經接近尾聲。

「它教會了我為人父母的許多道理。我和我的前妻在童年時心裡多少都有些缺憾，因此我們很認真看待『養育孩子』這件事。我們找到方法建立一個提供教養與保護的家，試著了解每個孩子真實的模樣，並鼓勵他們做自己，不用害怕和我們或和其他人不一樣。我認為這是我學到最重要的事。」

我希望這些話聽起來不會太傷感。

馬里修說：「展望未來，最後我想再問一個問題。你希望孩子從你的教養中獲得什麼？」

「我希望他們在童年時期能感覺到被愛、包容與保護。我希望讓他們知道，我們能理解他們真實的模樣，我們鼓勵他們做自己並探索嘗試各種事物。我與前妻對養育孩子的看法一致，我們喜歡全家人一起學著把這件事做得更好。我喜愛當爸爸，並對離婚感到很遺憾，因為這對孩子並不是好事。即使如此，我認為我們做得很好，我認為我的孩子是我最大的成就。」

馬里修的手伸向錄音機。「好，也許我們應該到此打住。」他隨即按下停止鍵。

我笑著說：「嗯，我覺得自己赤裸裸的！」

他說：「對，這些問題讓人毫無保留。你仍然希望這次訪談被評分嗎？」

我絕對希望它被評分，因為我想知道自己的依戀模式。

他說：「好，我還可以針對你的評分結果，提供個人意見給你。」

我問：「可以嗎？」

我沒料到可以這樣。

「你屬於經典的『習得的安全型依戀』。」

哈利．萊斯教授在課堂上談到了「習得的安全型依戀」，那是所有童年不太完美的人渴望達到的目標。雖然七成五的人們依戀模式一生不變，但有些人確實會改變。

我問：「真的嗎？我很意外。」

馬里修解釋：「這就是成人依戀訪談的微妙之處。重點不是經驗，而是你如何訴說經驗，這與敘事的連貫性有關。你算是經典範例，根據你對於父母的敘述，你的童年在某些方面很不理想，但是你可以談論自己的童年，你可以向我描述它，這就是『習得的安全型依戀』的人會做的事。這類型的人可能童年很不好過，但即使你描述父親的形容詞好壞參半，卻不帶有理想化或詆毀的防衛機制，更像是在說『情況就是這樣。』」

我告訴馬里修：「我原本以為我屬於經典的焦慮型依戀。」

他說：「如果你不懂得反思，沒錯，你會屬於那種依戀模式。我的意思是，如果你無法以相對平衡的觀點向我訴說正面與負面事物，我會將你歸類於不安全型的依戀模式。」

「但為什麼我不覺得比較有安全感，尤其是人際關係方面？」

「也許你在感情關係裡沒自信。『習得的安全型依戀』不代表所有童年問題都被抹去了，也不代表你不會辛苦掙扎，而是你有足夠的理解與距離，可以用一定的客觀態度描述事情。總體來說，這就是安全型依戀的意義。」

「也許這些年的治療很有用。」

馬里修贊同：「我相信是如此。還要加上你養育孩子的經驗，這非常有用，這是你的人生經歷，你對這件事思索了很久。這就是為何我幾乎確定你最後會被評為『習得的安全型依戀』。」

我指出自己從這類依戀類型的研究中，讀到人們可透過治療、自我反思、找個良師益友或安全型依戀的人生伴侶，來達到「習得的安全型依戀」。但我從未聽說可透過養育孩子來達到目標。

馬里修說：「嗯，養兒育女會迫使人們深入思考一些重要問題。就改變一個人的依戀模式而言，我認為沒有任何相關研究。這只是我的個人想法而已。」

我抱著懷疑的態度，但我希望我們的訪談紀錄被評分時，能證明馬里修說得沒錯。

3 媽媽回來了：兒童的依戀模式

在依戀理論發展初期，沒有人知道如何評估兒童的依戀模式，就連約翰．鮑比也不知道。最後約翰．鮑比的學生瑪麗．安斯沃思（Mary Ainsworth）想出了方法。

安斯沃思與丈夫住在倫敦時，看到鮑比登在報上徵求研究助理的分類廣告，便投了履歷。她得到這份工作後，專心埋首於鮑比正在研究的母子關係問題。她前往烏干達觀察當地村莊的母親與嬰兒，接著到美國馬里蘭州巴爾的摩的約翰霍普金斯大學，觀察當地家庭的母親與嬰兒，在那裡想到了一種實驗程序來衡量兒童的依戀模式，她稱之為「陌生情境」（strange situation）測驗。

陌生情境測驗分別讓母親、孩子和陌生人經歷分離再重聚的八個步驟，這些步驟增加了孩子的壓力，就像情感版的心臟壓力測試，激發兒童的依戀機制並且表現出來，讓研究人員觀察孩子心中已經建立的「心智模式」。測驗的結果讓安斯沃思得出深刻且出色的見解——若想了解小孩對母親的依戀模式，那就觀察小孩在媽媽回來時的反應，而不是小孩在媽媽離開後的反應。

陌生情境已成為評估一、兩歲幼兒依戀模式的公認方法。事實上，為了表彰這個貢獻，以約翰．鮑比之名命名山峰的哈佛大學登山社成員，也以瑪麗．安斯沃思之名為另一座山命名，就在鮑比的山旁邊。

研究人員將陌生情境測驗的過程拍攝下來，再由不在現場並受過專門訓練的專家負責評估與編碼，住在緬因州波特蘭的蘇珊．巴里斯（Susan Paris）正是其中的佼佼者。馬里蘭州的實驗室主任告訴我：「我們將大部分磁帶寄給蘇珊，她是最優秀的編碼員。國內的受試者很可能都是由她來編碼，也許還有其他國家的受試者。」我前往蘇珊的家拜訪她。她向我展示如何為經歷陌生情境、具有不同依戀模式的兒童編碼。

蘇珊說：「首先，我想跟你一起看一位屬於極度安全型依戀的孩子。」蘇珊的簡樸平房位在波特蘭南邊的安靜郊區，我們一起坐在她舒適的書房裡。蘇珊大約五十五歲，身材中等，頭髮花白，有著藍色的眼珠，臉上時時帶著笑容。她在公立學校擔任特教老師，已為陌生情境測驗的影片編碼近三十年。

影片開始播放時，我們在電腦螢幕上看到一位留著黑色長髮、三十歲出頭的女人，抱著她十五個月大的兒子。這個金髮碧眼白皮膚的小男孩身穿恐龍圖案的灰色T恤，褲腰下面顯然是尿布。

蘇珊解釋，我們即將觀看的陌生情境測驗是美國某間大學所做研究的一部分[1]，她不知道那項研究的主題，她最初為影片編碼的時候也不知道。「我不想知道。任何和人扯上關係的事，就有可能帶入個人偏見，所以我盡量不去了解研究主題或目的。」

影片中的母親把小男孩放在地板上，讓他坐著，然後她走向附近的椅子。但是她一離開，小男孩就搖搖晃晃走向她，於是她和他一起坐在地板上，一起玩著球和其他玩具。

蘇珊說：「這樣的互動看起來很棒。」

她指出，當小男孩在這個陌生環境中逐漸變得自在之後，開始離開母親去查看玩具。

接著有位年輕女子走進房間。「嗨，我是瑪麗。」扮演陌生人的這位女子可能是主導這項實驗的心理系所研究生。

這位母親跟她打招呼。「嗨，瑪麗。」

蘇珊說：「好，請看看他的雙手在做什麼？他在扯衣服。」

我沒注意到這件事，不過這個男孩的確用雙手摸著T恤。

蘇珊解釋：「這顯示出男孩心中的不確定感。這個人安全嗎？她是威脅嗎？這個小男孩也許在想：『嗯，媽媽似乎認為她不是威脅，所以我想我可以放輕鬆一點。』」

小男孩玩耍時，他的母親回到椅子上與那位陌生人聊天。

蘇珊問：「你記得依戀機制就是建立安全堡壘，然後從安全堡壘向外探索嗎？你可以從這個小男孩身上看得很清楚。他對陌生人正在做的事感興趣，讓他慢慢往陌生人靠近。接著他就像是想到：『哦，我離媽媽有點太遠了。』所以他又向母親靠近了一些。這就是平衡。」

當這位母親把小男孩留下來與陌生人獨處時，他哭了一會兒，但整體看來，他撐住了，沒有崩潰。媽媽回來時，他表現出快樂的反應。

蘇珊說：「這正是你會想看到的反應。孩子立刻接近母親，她一出現，他就靠近她，好像他腦中只想到這件事。他伸出手，奔進她的懷裡。這就是安全型依戀的特徵。」

1 作者註：只要蘇珊不透露任何關於研究或受試者的資訊，該研究的人員就允許蘇珊與我一起觀看這些影片。

影片裡的母親說：「我愛你。」小男孩安靜下來後，她把他放開，但蘇珊提示這樣太快了，小男孩又變得躁動起來，所以母親再度抱起他。過了一會兒，蘇珊指出，小男孩在母親的安撫下感到安全，他的安全堡壘回來了，於是母親把他放下來，讓他回去玩玩具。

我說，無論男孩是否得到安撫或是安撫的時間長短，重點似乎是母親回應的時機。

蘇珊贊同：「沒錯。有時你會看到出於好意的爸爸媽媽，但不知什麼緣故，他們無法同調。」

在依戀理論中，「同調」（attunement）是指父母察覺孩子的需要並予以回應。蘇珊後來告訴我：「沒有人能每次都做得正確，但要是母親越能夠正確解讀孩子的信號並採取行動，我們會說她和孩子越能夠保持同調。」再說的白話一點，「同調」就是解讀孩子的暗示並照做。對嬰兒來說，可能包括在對的時間餵食，減少觸摸造成的干擾，以可預測的方式移動與凝視嬰兒，配合嬰兒的情緒來採取行動，而不是打斷他們的情緒。

我們繼續看著螢幕。母親收到研究人員的暗示後，起身離開房間，結果小男孩立刻尖叫起來。蘇珊揣測小男孩內心的想法：「我最害怕的事發生了！她又離開了！」

蘇珊說：「前一次他撐住了，但這次超過他心理所能負荷。」小男孩獨自待在房間裡，陌生人也悄悄離開了。

接著陌生人刻意率先回到房間，這樣一來，我們可以看到小男孩的反應，然後與他最後見到母親回來時的反應做比較。

蘇珊解釋說，對一些孩子來說，這是壓力最大的時刻。「他們期待走進房間的人是媽媽，結果出現的人不是媽媽。你會看到一些孩子在這個過程中幾乎撐不下去。他們聽到開門聲，非常開心，但接著看到的是陌生人，於是他們的情緒徹底崩潰。」

然而事實上，這個小男孩因為陌生人的安撫而慢慢平靜下來，至少平靜了一些。他哭泣的時間越來越短，並且試著喘口氣休息。

「他的確有能力控制自己的情緒。」蘇珊指出，這個小男孩偶爾會看著周圍的地板，似乎仍對玩具感興趣。

陌生人說：「等一下，媽媽馬上就回來了。」

小男孩哭得肩膀一聳一聳。

蘇珊說：「他正在努力，真的很努力。」

最後當那位母親回到房間，小男孩直接跑向她。

母親把男孩抱起來，當她幫他擦眼淚時，他用雙臂緊緊抱住她。

蘇珊說：「他撐過了這整個過程，現在顯得放鬆多了。但他沒低下頭，還不夠『合模』。」

我問道：「合模？」

「就是完全放鬆。」她做了一個手勢，一隻手的手掌張開，包住另一隻手的拳頭，代表兩件東西完美融合在一起。「編碼時，我們使用『合模』一詞來表示孩子與照顧者的肢體接觸程度，接觸面積越大越好，最好總是胸部貼著胸部，推心置腹。」

母親把小男孩放下，然後回到椅子上。有那麼一會兒，他站著不動，環顧四周，接著開始安靜地玩玩具。

蘇珊指出：「那樣很好。但他仍在喘氣，顯然正努力安慰自己，並從痛哭中恢復情緒了。」

那位小男孩專注地看著母親。

蘇珊說：「他還需要一點什麼，也許是一點互動，所以他看著她，露出微笑，然後繼續玩耍。這一點非常重要。他玩耍時微笑看著她，跟她分享成功的喜悅，這代表情感連結，這種接觸不帶有任何迴避或矛盾的心態。事實上，他表達的是『我做了這件很酷的事情，我希望妳知道。』」

陌生情境結束了。

「這個小男孩看起來真的很努力控制他的情感與情緒，自我調整。例如陌生人回來時，他會利用這個人來減輕悲傷。當他再度開始玩耍並與媽媽分享，代表問題解決了，那是一種共享的正向情感。他有出色且穩固的安全型依戀模式。」

蘇珊說，如果她真的要為這個影片編碼，當做研究的一部分，那麼會有第二位編碼員獨立評估至少兩成的影片內容，這位編碼員被稱為「可靠編碼員」。通常蘇珊與「可靠編碼員」比較結果時，「往往對九成內容持相同意見，即使有偏差也相差不大。」

蘇珊說，下一個影片主角是一位焦慮型依戀的一歲女嬰。我沒告訴蘇珊，但看這支影片讓我感到緊張。即使克提納博士評估我的成人依戀訪談時，已將我「升級」為習得的安全型依戀，但我的潛在依戀模式仍然是焦慮型依戀。因為我確信自己小時候屬於這種依戀模式，我對影片可能出現的內容感到不安。

影片中出現一名金髮碧眼、身材魁梧的母親與一位臉色蒼白的瘦弱小女孩，小女孩的金髮被緊緊紮成兩條短辮子，她穿著白色T恤，衣服上印著一個大大的阿拉伯數字「0」。這讓我有不好的預感。

一開始，這位母親在自己的手臂上來回溜著玩具車，試著和女兒玩耍。蘇珊說：「焦慮型依戀孩童的母親經常會像那樣粗暴地與孩子玩耍，或是對孩子搔癢，我認為其中一個原因是她知道自己無法單純透過接觸來安慰孩子，只好嘗試其他所有方法。」

陌生人甚至還沒踏進房間，小女孩就已經哭了。

蘇珊解釋，焦慮型依戀的孩子不擅長將母親當做安全堡壘。「這是焦慮型依戀模式的本質，這樣的人尋求安慰，但無法被安慰，因為他們獲得的安慰不一致而且不可靠。他們渴望母親的接觸，卻無法利用這種接觸，所以會生氣。」

或者正如某位研究人員所言，「這種依戀模式類型的特徵是尋求接觸，然而一旦獲得接觸就會憤怒抗拒。」

陌生人踏進房間時，小女孩分心了一會兒，但很快又哭了起來。她仍然被抱著，扭動身體，拉開與母親的距離。當然，這種情況並不「合模」。

母親把女嬰放下，這個寶寶嚎啕大哭。

蘇珊指出，這個孩子自我調整或自我安撫的能力遠遠低於我們剛剛看到那位安全型依戀的小孩。

當母親離開房間，小女孩尖叫得更厲害。母親回來時，小女孩過去找她。母親把女孩抱了起來，但是她立刻一臉生氣的表情，身體試圖與母親拉開距離。

我看著那位焦慮型依戀的小女孩生氣的樣子，想起我三歲左右發生的一件事。當時我爸媽即將結束旅行回家，為了在他們踏進家門的那一刻見到他們，我坐在樓梯中間等待，從那裡可以看到前門。當我第一眼看到他們時，卻感到一陣憤怒，接著跑上樓回到房間。我記得當時自己對這種反應感到驚訝，而且無法理解。

影片中的女孩仍被抱在母親懷裡，但她別開臉，繼續大哭。蘇珊問：「現在媽媽做了什麼？她是不是說了『哦，親愛的，沒事』呢？不，她拿了一本雜誌給寶寶看！」那位母親從附近的桌上拿了一本新聞雜誌，在女孩的面前揮動，非常擾人。

小女孩的身體往後拉得離母親更遠，大聲尖叫。她的媽媽對她說：「沒事，她走了，她走了。」

蘇珊說，這位母親以為是陌生人讓寶寶不高興，但其實是她自己讓孩子不開心。母親試著將女孩拉近一些，但女孩身體往後靠，接著她的下巴靠在母親身上。「看，這個情況多麼尷尬。」蘇珊聽起來很沮喪。「人們不會用下巴依偎在別人身上。」

影片裡的女孩甚至哭得更大聲了。

她的母親不停說著：「沒事，沒事。」但這無濟於事。

蘇珊做出了結論：「這是經典的、典型的、非常焦慮的孩子。」

我問她，這個小女孩的未來會怎麼樣？

「我的預測是，她上幼兒園時，當父母離開，她會一直哭，別人無法安慰她。她會很難面對惱人的小事，例如有人從她那裡拿走一個玩具，她會失控，勃然大怒。」

她可能恢復情緒穩定嗎？

「也許吧，但我認為她無法恢復到像安全型依戀的孩子那樣穩定的狀態。人生的頭幾年對於心理健康非常重要，如果那段期間沒有體驗到安全與保障，以後就很難恢復。」

◎

下一支影片是關於一位一歲半的小女孩，她屬於逃避型依戀。我記得哈利．萊斯教授在課堂上說過，這種依戀類型的孩子通常未能得到連續且穩定的照顧，因此大多放棄尋求照顧。

這支影片中的孩子與前兩支影片的對比讓人吃驚，例如母親離開時，這個小女孩沒有明顯的反應，幾乎可說毫無反應。她靜靜地坐在玩具堆裡，似乎一點也不想念母親。當小女孩獨處時，她繼續安靜地玩耍。陌生人回來時，小女孩站了起來，看著陌生人，說了一些話，然後走向對方。蘇珊說：「這是我們想看到小女孩對母親做出的反應，而不是對陌生人做出的反應。」不過在最後一個步驟中，當母親回來時，那個孩子只看了她一眼，就別開了目光，她的重點仍放在玩具上。她別開了頭，沒看著母親。

我曾在依戀理論的文獻中讀到這些孩子可能出現的行為，包括忽視母親或遠離母親，但實際看到孩子這樣的表現實在讓人不安。

我對蘇珊說：「最後兩個影片讓人看了難受。」

她同意：「確實如此。混亂型依戀兒童的影片讓人看了更難受。」

我問道：「混亂型依戀？」

蘇珊提醒我，第四種依戀模式稱為「混亂型依戀」。哈利．萊斯教授講課時有簡略地提到這個類型，他說有些人其實同時屬於逃避型與焦慮型依戀。「當然，這是最糟糕的依戀模式。」

一般來說，被歸類為混亂型依戀的兒童僅占普通人口的百分之五，但若調查樣本是受到虐待的兒童，或是因家庭和經濟壓力導致母嬰關係緊張的兒童，比例通常增加至六成。如果父母失職或施虐，處在這種環境的兒童屬於混亂型依戀的比例會增加至八成。如果兒童在孤兒院或在其他機構照顧下成長，他們屬於混亂型依戀的比例也很高，例如在東歐孤兒院收養的兒童身上經常可看到這種現象。然而另一項關於羅馬尼亞收容機構的研究指出，兒童被安置在寄養家庭後，混亂型依戀的跡象減少了，尤其是當兒童在兩歲前被安置在善解人意的寄養家庭，而且寄養父母本身屬於安全型依戀。

那天，蘇珊沒有關於混亂型依戀孩子的影片可以讓我看。不過我還是想看看混亂型依戀模式是什麼樣子，所以後來去參觀了一間專門安排母親與孩子團聚的機構，其中一些孩子可能屬於混亂型依戀。

* * *

金屬探測器與一連串上鎖的門保護著門羅郡小兒科與探視中心的入口，貼在外門上的標誌列出違禁物品，其中包括刀子、彈簧刀、剃刀、美工刀、釘頭鎚、鐵鎚、螺絲起子、扳手、餐具（湯匙、叉子、奶油刀）、電擊槍和金屬髮夾。

我對奶油刀的禁令感到好奇，直到一名工作人員告訴我，某位小女孩脖子上的疤痕來自她爸爸手中加熱過的奶油刀。

等候區的聖誕樹上掛著泰迪熊，聖誕樹旁邊站著一名兩歲小男孩，他抓著一隻紫色泰迪熊。我稱呼他為以賽亞。他與其他三名幼兒及兩名坐在兒童安全座椅裡的嬰兒一起搭貨車過來，他們都是從日托中心或民宅被帶來這裡的。這裡是在我家鄉紐約州羅徹斯特市的一間探視中心[2]，法院讓寄養的孩子每週可來此與親生父母見一次面。

一位名叫瑪拉的社工向以賽亞打招呼：「嗨，小帥哥！你看起來穿得很暖和。」瑪拉脫下以賽亞的迷彩滑雪帽，露出他的黑色捲髮，她還幫他脫掉黑色滑雪外套與靴子。他轉身時，我看到尿布頭從牛仔褲的褲腰上方露了出來。

瑪拉說：「我希望你媽媽今天可以來看你。」以賽亞與母親的一小時會面預計在十分鐘內開始，但以賽亞的母親經常錯過探視機會。

瑪拉今年二十九歲，之前曾在小學教書。她的身材中等，但給我一種身強體壯的印象，我能想像她如何安慰發脾氣的幼童，也能想像她如何制止好鬥的青少年。

她輕聲告訴我：「我們會等父母三十分鐘，如果父母沒出現，我們就會取消探視。」要是這樣，會有另一輛車將以賽亞帶回日托機構。

就在這時，電話響了。

瑪拉說：「哦，太棒了！開門讓她進來，我們在一三二室見面。」然後她低頭對以賽

2作者註：為了保密，我更改了兒童、父母及一些工作人員的姓名與識別資訊。

亞說：「小傢伙，媽媽來了！」

瑪拉用識別證掃過電子鎖，打開內門，牽起以賽亞的手，兩人一起沿著寬敞的走廊走向會面室。

◎

當研究人員開始使用「陌生情境」評估兒童的依戀模式，他們發現一小群兒童表現出不符合任何依戀類型的奇怪行為。在最後一個步驟中，母親回來時，這些孩子開始接近母親，但後來僵住不動，或者以倒著走的方式接近她，或者在她們面前舉起一隻手，或是倒在地板上。針對這些兒童的背景調查結果顯示，許多兒童曾遭虐待、被忽視，或是被父母其他形式虐待。

研究人員將這些孩子歸為第四種依戀類型，稱之為「混亂型依戀」。研究員伯特・鮑威爾（Bert Powell）及其同事解釋：「共通點是，這些孩子似乎同時尋求又畏懼照顧者。」他們指出，安全型依戀的孩子受到驚嚇時會向照顧者求救，逃避型依戀的孩子會以防禦的態度拒人於千里之外，並專注於那些可以分散注意力的事，焦慮型依戀的孩子則會更加依賴照顧者。混亂型依戀的孩子則不同，「他們的恐懼無法獲得解決，因為他們的安全感來源也是恐懼的根源。」鮑威爾及其同事寫道：「孩子們承襲了四百萬年的本能，他們會逃離那些讓他們害怕的東西，讓他們在受驚嚇時奔向照顧者。如果讓他們恐懼的正是照顧者本身，他們會陷入想接近又想遠離的兩難困境。」

毆打等公開虐待行為會導致孩子強烈恐懼，其他類型的可怕行為也會讓嬰兒嚇壞。舉例來說，馬里蘭大學心理學教授茱德．卡西迪（Jude Cassidy）博士向研究生播放了一段影片，影片中的母親在無意間讓五個月大的兒子陷入混亂型依戀。這位母親在寶寶面前用力把玩具弄得叮噹作響，強行要他轉頭，嘲笑他的痛苦，然後像老虎一樣咆哮並撲向他。卡西迪解釋：「嬰兒在這裡學到的是：『我難過的時候，媽媽不是我能尋求安慰的對象，她是導致我難過的人。』我認為這位媽媽愛她的孩子，但她完全不知道自己在做什麼。這樣的舉動在寶寶心中造成極大的陰影，讓人非常難過。」如果父母在童年時期受到虐待，產生混亂型依戀，可能就會像影片中的母親一樣，他們比其他人更容易虐待自己的孩子。但這只是少數案例，並非所有童年有受虐經驗的父母都會虐待自己的孩子。

在探視中心，我很好奇以賽亞與母親見面的實際情況。我在書上讀過，混亂型依戀的孩子與母親團聚時，會僵住不動、倒著走或轉圈圈。以賽亞會展現出這類行為嗎？當走廊另一頭的安全門打開時，我腦袋中仍預想著各種可能的狀況。以賽亞的母親留著黑色長髮，身材苗條、年輕迷人，她向我們走來。瑪拉鬆開了以賽亞的手，他的母親迅速將他抱起來，吻了他，一遍又一遍地說：「我愛你，寶貝。」

以賽亞可能根本沒有混亂型依戀。

會面室布置得就像一般家中書房或活動室，裡頭擺了沙發、書架、收玩具與遊戲的小櫃子、小餐桌、椅子，中間是一塊柔軟的地毯，供人坐在上頭玩耍。

當以賽亞的母親對瑪拉談起她最新的假釋情況，以賽亞在玩具櫃裡找到了一個音樂盒，接著就坐在母親的大腿上玩。

該中心提供兩種類型的探視：監督型與監控型。如果是監督型探視，工作人員與兒童的家人會一起待在房間裡。如果父親或母親在沒有工作人員陪同的情況下顯然也能與孩子穩定相處，該中心就會允許監視型探視，工作人員每十五分鐘會確認一次情況。以賽亞的探視屬於監督型。

以賽亞的母親帶了午餐，他們一起坐在桌子旁，她用塑膠湯匙（此中心禁用金屬餐具）餵他吃塑膠盒裡看起來像米飯料理的食物。以賽亞兩度拿起湯匙試圖餵她，她說：

「不，這是給你吃的，寶貝。」

混亂型依戀的兒童可能會試著控制與父母的互動，有時是試著取悅父母或試著讓他們放心。正如一名工作人員所言：「有些孩子表現得像家長，試著掌控探視，所以探視過程通常很順利。」無論是試圖餵食母親或拿玩具給她，以賽亞都有做。我先前曾見到另一位三歲左右的小女孩試圖餵父親吃午餐。

吃完午餐後，以賽亞滿臉微笑，發出快樂的聲音。他再度走向玩具櫃，拿了更多玩具給媽媽。

瑪拉後來解釋，一般來說，這樣的探視會維持幾個月，但少數的孩子一來就是好幾年。多數案例是父母失職，而不是虐待孩子，儘管確實有些案例涉及性虐待、被香菸燙傷、骨折、被繩子與腰帶鞭打，此外還有因不當搖晃造成腦損傷、視網膜剝離、聽力受損、四肢螺旋式骨折的孩子，以及那位被奶油刀燙傷的小女孩。

「失職」是一個廣泛的概念，包括父母未能提供足夠的食物、衣服、住所、醫療，缺乏監督或教育，未能提供心理安全感，使孩子遭受嘲笑、敵視、婚姻暴力或遺棄。

我後來得知，以賽亞的母親二十歲生下他，他受到安置寄養是因為母親無法讓他衣食無憂。瑪拉解釋：「如果家裡一天有食物，接下來三天或四天沒食物，那就是一種失職，也會成為政府帶走孩子的理由。」此外，她當時正在坐牢，無法為以賽亞安排住處，也無法照顧他。「以賽亞出生後的多數日子，她都在坐牢。」

我問瑪拉，孩子是否有時會對工作人員產生依戀。她說：「有些孩子比較依戀我們，而不是父母。」這讓我有點難以理解，直到瑪拉指出，由於每次的監督型探視工作人員都在場，對許多寄養兒童而言，他們和工作人員相處的時間與跟親生父母相處的時間一樣長，而受過訓練的工作人員往往更能理解孩子的需求。

以賽亞仍坐在地板上，安靜地玩著玩具。

瑪拉建議：「也許以賽亞會喜歡去遊戲室。」

該中心的室內遊戲室有大型攀爬玩具、紅色的波浪狀溜滑梯，還有數十種玩具與遊戲器具，大多數是捐贈的物品。另外兩個孩子也在遊戲室玩耍，一位是綁著辮子、別著粉紅色髮夾的一歲女孩，另一個男孩的年紀與以賽亞差不多，穿著一身黑衣，看起來像縮小版的鄉村樂手強尼・凱許，尤其是他拿起玩具吉他開始彈奏的時候。小女孩有媽媽陪著，小男孩與爸爸在一起。

以賽亞直奔攀爬玩具，他對每個人露出微笑，獨自玩得很開心。後來他在地板上推著玩具卡車，最後站在一個波浪狀的哈哈鏡前面。這種鏡子會讓鏡中倒影變得扭曲，讓你看起來更高、更矮、更胖或更瘦，取決於你站得離鏡子多遠。

瑪拉問：「你在鏡子裡看到什麼，小伙子？」

我認為這是關鍵問題：以賽亞看到了什麼？

他沒回答瑪拉的問題。

我不知道也真的無法得知以賽亞是否屬於混亂型依戀，這需要他與母親一同接受陌生情境測試才能判定。不過這樣的猜測合情合理，有些會凝視哈哈鏡的孩子確實有混亂型依戀，所以瑪拉問「你看到什麼」是很貼切的問題。混亂型依戀的本質是本應正常的親子關係變得扭曲，進而扭曲了孩子的安全感、幸福感，以及他如何看待自己與世界的關係。

幼兒時期的混亂型依戀，與稱為「多重人格障礙」的成人精神疾病，我們可以從這之間的關聯看出這種扭曲的狀態，包括人格分裂、記憶喪失、類似創傷後壓力症候群等症狀。成年後的自我傷害或自焚等行為，也與童年的混亂型依戀有關。

以賽亞回到溜滑梯玩耍時，他的媽媽從一堆玩具中拿起一個電子字母板。這是一種遊戲器具，按下一個字母後，機器會發出電子聲音，說出這個字母的名稱。她把這個遊戲器具拿給以賽亞，她先按下「A」，接著按下「B」，試著讓以賽亞跟著唸這些字母的名稱。然而站在溜滑梯頂端的以賽亞只是露出微笑，發出快樂的聲音，然後溜了下來。

她對我說：「他有語言障礙。」直到那時，我才意識到自己沒聽過以賽亞說話。他一直微笑，發出歡快的聲音，但沒有說過完整的單字或句子。一篇關於兒童發展的論文提到：「住在寄養家庭的兒童經常會有發育遲緩的跡象，包括……語言發展。」但並非所有「正常」的兩歲孩子都會說話，所以這算是虐待或混亂型依戀的症狀嗎？根據以賽亞剛剛在會面室的「家長行為」，我無從得知。

以賽亞在玩溜滑梯時，我瞥見一個先前沒注意到的物體，一張灰藍色的塑膠兒童椅。我的孩子還小的時候，我家有一套同款的桌椅。我的女兒在以賽亞這個年紀的時候，她們花了無數個小時坐在那些椅子上，趴在桌旁愉快地畫畫著色、玩遊戲。那把椅子讓我想起我的孩子與以賽亞，諷刺地讓兩者起跑點之間的差距更加明顯。

如果以賽亞確實擁有混亂型依戀，再加上他所處的經濟與社會劣勢，可能會讓他的生活更難過。研究顯示，如果孩子有混亂型依戀及其衍生的多重人格障礙，他們往往缺乏社交技巧，也無法控制自己的行為，無論是從啟蒙計畫或幼兒園一直到高中，他們都難以有優異的表現。二〇一〇年，一項涉及六十個研究、逾六千名兒童的整合分析發現，那些被評為混亂型依戀的兒童在青少年時期表現出反抗行為、敵意、侵略行為的程度明顯更高；雖然女孩也有同樣的風險，但男孩的機率較大。此外，一項關於監獄囚犯的研究指出，有三成六的囚犯被評為混亂型依戀，八成二的囚犯擁有精神疾患。一位法庭心理學家認為，混亂型依戀可能是導致成年後違法行為及暴力犯罪的直接風險因素。

受虐兒童普遍帶有混亂型依戀，不僅讓這些孩子及其家庭付出巨大代價，整個社會也深受影響。幸好，研究人員正在開發干預實驗，可以將混亂型依戀與其他的不安全型依戀轉變為安全型依戀。

其中一個是「親子精神治療」計畫，治療師每週一次至研究對象的家中，與母親及嬰兒會面。這個計畫為期一年，他們會觀察母親與嬰兒，挑戰母親因為成長過程的影響而對自己與孩子可能抱持的扭曲看法，並協助母親體貼回應孩子的需求。最近一項針對一百三十七名十三個月大的受虐兒童研究指出，百分之八十九點八的受虐兒童在參與該計畫前表現出混亂型依戀（經陌生情境測驗評估）；該計畫完成後，只有百分之三十二的受虐兒童表現出混亂型依戀。而未經歷該計畫的對照組兒童，其混亂型依戀的比例並未發生類似的減少情形。

另一個名為「安全圈」的計畫，則是讓幾組家長參與工作坊，了解依戀理論及教養孩子的良好技巧。這種干預方式也顯示出很有機會降低兒童不安全依戀的比例。

這些計畫需花費大量人力物力，尤其是那些涉及家庭訪問的計畫，但比起處理輟學、違法行為、暴力犯罪的社會成本，這些計畫的成本只能算是九牛一毛。

◎

在遊戲室裡，瑪拉對以賽亞的母親說：「再十分鐘。」這表示此次探視就要結束了。以賽亞的母親開始收拾午餐盒。以賽亞忽然一臉恐懼，總是掛在臉上的微笑消失了。當母親協助他穿上黑色的冬季外套與靴子，他仍一臉驚恐。當她穿上自己的外套，以賽亞崩潰了，他先是流淚，接著嚎啕大哭。

另一名工作人員出現在門口問道：「這裡還好嗎？」

瑪拉輕聲哄著：「以賽亞，抱媽媽一下。」

但以賽亞沒走向母親，而是走向瑪拉。穿著黑色笨重滑雪外套的以賽亞緊抱著瑪拉的雙腿，她跪下來安慰他。然後仍在大哭的以賽亞奔向門邊的工作人員，擁抱了她，她輕輕拉開他，為他指著母親的方向，催促他過去。「去找媽媽。」

以賽亞繞著圈圈，大聲尖叫，但他噙著眼淚找到回母親身邊的路。她把他抱起來，試圖安慰他，並說道：「我下星期會再來看你，寶貝。我愛你，我愛你。」然後她把他交給瑪拉。

「問題在於，**他不知道誰是他媽媽**。」另一位工作人員輕聲對我說，免得別人聽到。那句話深深刺傷我。我在三歲時有說話障礙，一位兒童心理學家對我的母親說過同樣的話。我望著緊緊抓住母親的以賽亞，儘管我們的年齡相差超過五十歲，社經地位的巨大差距隔開了我們，但我覺得自己與這位淚眼汪汪的驚恐小男孩之間有著緊密的連結。

◎

無論是陌生情境測驗影片中的孩子，還有探視中心的以賽亞，他們都證明了童年的依戀模式的重要性。哈利．萊斯教授在課堂上說過，這些童年經驗形成我們的信念或「心智模式」，包括我們對人際關係的期待以及我們在人際關係中的表現，將跟隨我們一生。

哈利教授解釋，這些心智模式在我們的腦袋內創造模式，引導我們的行為。

我很想知道，我們可以真的「看到」腦內的模式嗎？現代技術是否允許我們這樣做？如果真的可以，「陌生情境」測驗或許已準備好接受高科技的更新。

4 進入掃描儀：依戀與大腦

她說：「我要拉下你的襪子，再把這些電極片放在你的腳踝上方。」

這位年輕女士拉下我的襪子，她是莎拉，維吉尼亞大學臨床心理學教授詹姆斯．柯恩（James Coan）博士的實驗室聯絡人。這是一個美好的春日，處處鳥鳴，木蘭花盛開，但我們待在校外建築的地下控制室裡，這裡放了一台巨大的磁振造影儀器，是柯恩博士用來研究情緒與人際關係之神經科學的其中一台機器。

我來到柯恩的實驗室，企圖了解依戀理論的生物學基礎。我們的童年依戀經驗形成了心智模式，影響了我們人際關係的互動方式，也就是哈利．萊斯教授所稱的「腦內模式」。我們真的可以看見並找出這些模式嗎？

我的另一個問題是關於私人問題。接受成人依戀訪談後，馬里修．克提納醫師認為我的依戀模式屬於「習得的安全型依戀」，這是真的嗎？

在克提納醫師的建議下，我安排與巴爾的摩一位受過成人依戀訪談編碼訓練的心理治療師蕭莎娜・林格爾（Shoshana Ringel）見面，請她檢視我的訪談紀錄。在逐行看過紀錄，為每個回答編碼後，她認為我的主要依戀類型是安全型依戀。她指出：「對話題感到自在，想法前後一致，寬恕父母，接受父母能力有限，對於自身的不完美感到自在。」

不過她也發現了焦慮型依戀仍舊殘留的證據。「關注依戀對象或過往創傷，特別是輕度關注不幸的養育經驗或潛在的創傷經驗。」

總而言之，林格爾博士的評估和克提納博士預測的一樣——我屬於習得的安全型依戀。然而詹姆斯・柯恩與其他研究人員近年利用功能性磁振造影，開始研究如何「利用神經活動，了解依戀模式的個體差異。」人類大腦中是否有任何看得見的東西，可以確定我們的依戀類型？

當莎拉在我的腳踝上方塗導電凝膠，一位技術人員進來，看到坐在我旁邊的柯恩博士就問道：「嘿，夏天到了嗎？」

他問的是柯恩的髮型。前一晚，我在 YouTube 上看了柯恩幾個月前在 TEDx 演說的影片。影片裡的他將赤褐色頭髮綁成馬尾，不是中年男子有時會留的那種稀疏短馬尾，更像是真正的馬尾巴。

柯恩笑著回答：「對啊，你還沒見過我的短髮造型！你覺得呢？」

那位技術人員說：「很好看！」

柯恩身材纖瘦，體格中等，雖然他留著八字鬍與山羊鬍，但少了濃密長髮的他看起來比實際年齡四十四歲更年輕。至少在我眼裡是如此。

柯恩在 TEDx 的演說〈為什麼人們牽手〉講述了一個故事：柯恩年輕時擔任維吉尼亞醫院的臨床醫生，遇到一位有創傷後壓力症候群的二戰老兵，他發現這位年邁患者只有在結婚多年的妻子握著他的手時，才願意打開心房，談論戰爭經歷。

從神經學的角度來說，柯恩很想知道牽手對他的病人如此重要的原因，於是設計了一項磁振造影腦成像研究。這項研究的受試者將面臨電擊的威脅，如果他們看見藍色圓圈，就知道自己很安全，但如果他們看到紅色叉叉，就知道自己的腳踝有兩成的機率會遭到電擊。柯恩說：「我要讓他們感到非常焦慮。」受試者會在三種情況下接受測試：握住陌生人的手、獨自受試，以及握住愛人的手。

「我們發現當受試者獨自躺在管狀儀器中，周圍聲音響亮，還面臨電擊的威脅，他的大腦會像聖誕樹一樣發亮。」他解釋人的大腦有很多事要做，包括痛恨這個經驗，並且在試圖逃避的同時自我調整，才不會真的逃離儀器。

如果受試者握著陌生人的手，那麼大腦中執行「生理喚起」的區域——包括調整心率與移動身體採取行動的區域——活動力會降低。

他接著說：「如果受試者握著伴侶的手，我們可以看到大腦的反應大幅減少。」人們感覺到的威脅較小，也沒有啟動自我調節與釋放壓力荷爾蒙的大腦區域。牽手似乎發揮了這樣的作用，前提是牽手的對象與受試者感情要好。

這項研究讓柯恩及其指導的大學實驗室「維吉尼亞情感神經科學實驗室」備受關注，其研究成果曾被《紐約時報》、《華盛頓郵報》與其他國際媒體專題報導。

把話題拉回實驗室。莎拉在我腳踝左側的導電凝膠上貼了一個約莫半美元硬幣大小的塑膠電極片。

∞

那天稍早時，柯恩到旅館接我，我們去喝咖啡。我坐在校園附近一家咖啡館的戶外露台上，詢問柯恩，如果把兩個孩子放在磁振造影儀器裡，其中一位是安全型依戀的孩子（我想像「陌生情境」影片裡那個穿著恐龍T恤的男孩），另一位是不安全型依戀的小孩（我想到探視中心的以賽亞），他能否藉由觀察腦部掃描來辨別不同之處？

他說：「當然，百分之百可以。」不過他提醒我，大腦中沒有任何一部分是特別用來控制依戀行為的。「你看到的是分布在大腦各系統的差異，這些系統負責各種不同的任務，沒有單一模組可用來統籌我們看待人際關係的方式。」

正如柯恩所指，大腦中並沒有一塊區域會發光顯示是「安全型依戀」或「不安全型依戀」，但是我們已經知道大腦某些區域與情緒有關，而擁有不同依戀模式的人對於這些情緒的反應不同，包括我們對臉部表情這類社交暗示的反應，我們處理快樂、恐懼、悲傷等感受的方式，我們對待威脅與報酬的方式，還有我們接受或拒絕他人的方式。

在一項研究中，研究人員將三十位接受過成人依戀訪談測驗的新手媽媽送入磁振造影掃描儀，並讓她們看自己寶寶的照片。如果是安全型依戀的母親，她大腦中「處理酬賞」（reward processing）區域的活動明顯多於逃避型依戀的母親。

另一項研究讓躺在磁振造影掃描儀裡的參與者計算螢幕上的圓點數量，接著讓他們看一些面帶微笑與面帶怒氣的人，並且告訴他們這些人正在評估他們剛剛的表現。結果顯示，逃避型依戀者大腦接收社交訊息的區域「活動力降低」了，焦慮型依戀者的大腦則是在處理負面社交信號的區域「變得活躍」。研究人員指出，逃避型依戀的人往往不會尋求社會支持，焦慮型依戀的人可能會對威脅自己的事物提高警惕。這些研究結果與依戀理論的敘述一致。

另一項巧妙的實驗是關於依戀如何影響大腦對「社會排斥」的反應：身處掃描儀器中的受試者獲知自己將透過網路，與另外兩位同樣身處掃描儀器中的參與者一起玩虛擬拋球遊戲。事實上，受試者是與預設的電腦程式玩耍，另外兩名參與者其實不存在。測試到一半時，其他兩名「參與者」開始只對彼此來回拋接球，將受試者排除在外。研究結果是什麼？焦慮型依戀的受試者在處理社會排斥反應的大腦區域顯示出「高度活化」，逃避型依戀的受試者在相同的大腦區域則顯示「神經活化減弱」。研究人員做出結論：「人們對社會排斥的反應有一部分取決於焦慮型依戀與逃避型依戀的個體差異。」

我問柯恩：「如果你將我送進磁振造影儀器，有沒有一項實驗可以確認我在成人依戀訪談中得到的結果？」

他說有的，也許吧。「我或許可以找到標記。」他提議讓我進入磁振造影儀器並接受牽手實驗。「你即將經歷的預期焦慮可能會產生一些顯示依戀類型的標記。」

不過他再次提醒，他不能保證任何結果。「我們可能無法透過單一樣本與單一對象來討論依戀模式。我們可能沒有足夠的數據，加上我們沒有判斷你依戀模式的相關基礎，但我們會試試看。」

事實上，我們必須採用修改版的測試，因此數據會比一般測試來得少。原本的實驗要求受試者接受三輪電擊測試：與陌生人握手、獨自一人、與愛人握手。由於我獨自來到夏洛蒂鎮，當時也沒有情人，所以只得省略最後一項測試。

柯恩說：「我們先去吃午餐吧，然後我會把你送進掃描儀。」

◎

柯恩在大學主修心理學。午餐時，我問是什麼吸引他攻讀心理學？他回答，他高中畢業後其實沒有立刻就讀大學。他這樣形容十八歲的自己：「有點瘋狂，沒有學術天分。」當時的他在華盛頓州斯波坎工作，在繼父經營的屋頂與牆板修繕公司上班，不時抽抽大麻。直到二十一歲，他才在社區大學註冊讀書，後來在華盛頓大學與知名的婚姻心理學家約翰．葛特曼（John Gottman）一起合作，二十八歲時進入大腦研究的研究所。

就在這時，柯恩接到擔任攝影師的妻子卡特打來的電話，詢問他晚點能不能去接孩子。柯恩與卡特育有兩個女兒，分別是一歲和三歲。

他坦言自己身兼丈夫、父親、老師以及活躍的研究人員，尤其當他的研究工作備受各界關注後，他變得極度忙碌。

「研究工作變得受歡迎有好處，也有壞處。我的意思是，這是好事，但我仍然想不出拒絕別人的好方法，這代表我總是對許多人說『抱歉』和『也許』吧。」

事實上，我花了好幾個月的時間與柯恩聯繫，人們一直跟我說他非常忙碌。

柯恩笑著說：「對，我很抱歉。」

我想著我所認識的柯恩，他不墨守成規，有點特立獨行，靠自己的努力獲得成就。我很好奇他是否接受任何正統理論，甚至是那些依戀理論。「所以，柯恩，你相信依戀理論那套說法嗎？你相信約翰·鮑比的理論嗎？」

他說：「當然。我認為它是心理學界的牛頓物理學，可以運用在許多事情，就像我們可以用牛頓物理學將火箭送到月球。但它不是很正確。」

從什麼角度來說「不正確」？

「它過度強調依戀對象，並不重視『人類很喜歡社交』這件事。」

怎麼說？

「基本上，人類非常善於交際，而單一依戀對象並不足以滿足這一點，特別是兒童。因此它歸結出一些糟糕的建議，例如一些研究人員非常生氣，認為我們不該將不滿兩歲的孩子送到日托機構。這很荒謬，人類嬰兒幾乎是一出生就擁有多位照顧者，母親的功能並非專為孩子提供食物和照護。這就是依戀理論指引我們到錯誤的方向，這對人們不利，對女性來說格外糟糕。」

不過「母嬰情感連結」的概念難道不是依戀理論的核心嗎？

「是的，但那就是錯誤的地方。陌生情境、安全堡壘、安全避風港，這些理論都與依戀對象配合得很好，與更大的社交網絡同樣相得益彰。」

他說，人們也過度強調成年後的情感依戀關係僅限於單一對象。

「馮內果很了解這種事，他說每次看到夫妻吵架，他都想讓他們互吼：『只有你是不夠的！』這句話一針見血。」

我去查了他引用的那句話，的確是來自馮內果的小說《時震》。書中寫道：「五成以上的美國婚姻破碎，因為我們大多數人不再擁有大家庭。當你現在與某人結婚，你得到的只有一個人。夫妻吵架與金錢、性、權力無關，他們真正想要說的是：『只有你是不夠的！』」

話題拉回孩子身上。柯恩的意思是嬰兒可以由更多的照顧者撫養嗎？

「不是『可以』，而是『應該』。」

有任何研究支持這個說法嗎？

「大多是人類學研究，但是的確有研究支持。鮑比發展依戀理論時，利用許多黑猩猩與人猿的研究，試圖從演化的角度來解釋。確實，人猿在寶寶斷奶前會讓牠緊緊貼在身上，誰都不准碰觸寶寶或靠近牠們。不過就育兒而言，人類並不像其他人猿，全世界的人類母親幾乎都能允許其他人照顧嬰兒，而且寶寶顯然不會因此覺得難過。」

我問：「所以，如果一個孩子不是只由母親撫養，而是由村裡的六個人養大的，包括男人與女人——」

柯恩立刻接話：「孩子會把那些男人和女人視為依戀對象，就像他們在陌生情境測驗中扮演媽媽一樣。」

我在這裡要指出一件有趣的事，在以色列早期集體農場「奇布茲」裡，嬰兒被迫遠離家人，與其他孩子一起睡覺，後來研究顯示有焦慮型依戀的兒童異常地多。然而在現代的集體農場裡，家庭睡眠的安排符合標準，調查兒童的依戀模式為正常分布。

柯恩繼續說：「陌生情境測驗未必錯了，只是我們從中獲得的資訊有限，我們遺漏了大多數的情況。我害怕的是，孩子過度依賴無法做到所有事情的單一依戀對象（因為她就是做不到），會導致不安全型依戀，無論是逃避型或焦慮型。」

我提到了被稱為「依戀教養法」的教養運動，提倡者鼓勵母嬰之間親密且頻繁的身體接觸。

他說：「嗯，他們錯了，他們的建議會為孩子帶來危險。我不想誇大情況，但是小孩的適應力很強，除了真正的忽視與虐待之外，他們的實驗成果大多與教養方式沒有關係，『別把孩子放在日托機構』是胡說八道，毫無意義，而且是倒退的社交方式。」

我很好奇，柯恩抱持這個觀點的其中一個原因是不是他最近當了爸爸。

「我認為不是。但也許吧，我沒想過這一點。」

他的三歲大女兒在日托機構嗎？

「對，而且情況良好。」

最小的孩子也送去日托機構嗎？

「從六個月大就開始送去了。」柯恩繼續說：「你知道怎樣算良好的日托機構嗎？有固定的老師或照顧者。如果照顧孩子的人不斷改變，那就是糟糕的日托機構。孩子熟悉照顧者，照顧者維持不變，這才是最重要的。人類天生就能擁有多位照顧者，但前提是要能熟悉並親近這些照顧者，而不是變來變去。

「這兩年半以來，一直是同樣的日托團隊在照顧我女兒。她會在每天離開日托中心時親吻他們，並且說『我愛你』。這才是最重要的事。」

我讀過依戀理論的內容，我知道柯恩的觀點與大多數專家相反，但聽起來很有意思，讓人耳目一新。他對伴侶認為對方「不夠」的觀念聽起來很真實，我還記得自己在婚姻生活中有時會出現這種感覺。「人類應該有一位主要照顧者或多位照顧者」的議題激起我的好奇心，日托問題也勾起我的興趣。約翰．鮑比最初反對日托機構，但晚年時卻接受了，前提是要能維持照顧品質，以及照顧者保持不變，與柯恩的立場差不多。這些都是我想進一步探索的問題。

現在回到我們開始的地方：造影實驗室。柯恩的助理莎拉已經在替我貼上電極片。柯恩將磁振造影掃描儀描述成「一個危險的環境，你在這個大型磁鐵裡的引力大約是地心引力的三十倍，任何金屬物體都會以巨大的力量碰撞。如果你的身體擋在中間，它會穿過你的身體，所以你必須確保身上沒有金屬，就算是迴紋針也可能帶來危險。」

我被告知要取下身上所有金屬物品，包括手錶、筆、錄音機，並清空口袋。

我問：「你怎麼確定磁鐵不會影響大腦？」

柯恩說：「它影響的其實不是你的大腦，而是大腦裡的氫原子。」

我不認為那個回答能讓人感到安慰，但柯恩向我保證，他已經進去過掃描儀幾十次了，一切都沒問題。

他說每個人的電擊量都是四毫安培，但人們的疼痛臨界點不同，所以每個人的反應都不同。他補充說：「我們其實並未測量你被電擊的瞬間，我們唯一感興趣的是人們被電擊前的預期焦慮。」

我心想，如果是那樣的話，他現在就可以開始測量，因為我已經感到焦慮了。

此外，我好奇的是，我會握住誰的手？

柯恩說，根據測試的協議，對方將是「匿名陌生人」，他不能對我透露其他資料。

我簽了一份責任豁免同意書，讓維吉尼亞大學不須對我在掃描儀裡的經驗負責。

電極片貼了，口袋清空了，同意書簽了。現在大家正在等待技術人員啟動機器，莎拉去處理一些文書工作，柯恩坐在角落的凳子上查看手機訊息。

技術人員接了一通電話，我聽到他說：「我正準備把某個人送進掃描儀，我等等回電給你。」

他掛斷電話，然後告訴柯恩：「一切準備就緒。」

柯恩抬起頭說：「好的。祝你好運，皮特！」

我跟在莎拉後方離開了控制室，走近磁振造影掃描儀，它被放在隔壁一個較大的房間裡。莎拉指示我躺在機器入口附近的位置，接著在我的膝蓋下面放了一個墊子，用頭枕夾住我的頭部兩側，讓我的頭部維持不動，並為我戴上罩式耳機，還用類似曲棍球守門員的面具罩住我的臉。

我想著自己多麼幸運，進入這台機器是為了做研究，而不是因為生病。我靜靜躺在宛如子宮般安靜的房間裡，發現自己並未感到特別不自在。看來我沒有幽閉恐懼症的問題。

莎拉的聲音從控制室傳進我的耳機。「皮特，你還好嗎？」

我說我很好。

她說：「很好，我們即將開始掃描，這個程序可以讓我們看見大腦的3D成像。」

一張圖像出現在我面前，它一定是透過鏡子投影到螢幕上。這張圖像顯示了河流與山脈的森林場景。

技術人員的聲音也傳進我的耳機。「先生，這個過程大約四分半鐘。」

我的耳邊立刻出現了響亮深沉的噪音振動——啊啊啊啊——就像消防警報聲一樣重複不斷。

我試著想像大腦裡的氫原子被拉向周圍的巨大磁鐵，但很難持續。

啊啊啊啊。

出於某種原因，柯恩在午餐時用來解釋何為「糟糕」日托機構的那句話浮現在我的腦海：「如果照顧孩子的人不斷改變。」

我應該問問柯恩，他是否知道約翰．鮑比小時候也經歷過這種事。鮑比與兄弟姊妹生於英國傳統的上流家庭，父母與孩子保持距離，孩子由成群保姆與育嬰女傭照顧。每天照顧鮑比、與他感情親密的保姆名喚蜜妮。他三歲的時候，蜜妮離開了，另一位冷酷嚴格的保姆取而代之，而鮑比從未與對方建立親密關係。多年後，鮑比的遺孀表示他「掩藏了失去蜜妮的悲傷。」

啊啊啊啊。

就這方面來說，鮑比與我有些共通點。童年時期，照顧我們的人不斷改變。我媽媽罹患了小兒麻痺症，對我的照顧有限。從真正照顧我的保姆凱莉女士猝逝，直到那個取代凱莉女士的保姆被開除，我可以直接列出一連串事件，說明我為什麼會對依戀理論感興趣，以及我現在為什麼會在掃描儀裡。

我拿到了凱莉女士的死亡證明副本與她下葬地點的地址。她一生未婚，在一九五四年七月三日去世，約莫在我一歲生日後三個月，享壽七十歲，死因是急性心肌梗塞。

某次我與姊姊帶爸爸外出吃午餐，他說想去看看我媽的墳墓。我本來可以和他們一起去，但我已經計畫在那天下午去找凱莉女士的墳墓。結果我沒去看媽媽，而是去看了凱莉女士的墳墓。我找到平鋪在地上的灰色大理石墓碑，一部分的墓碑被秋天的樹葉蓋住了。我伸手把葉子撥到一邊，讀出上頭的字：「愛麗絲．凱莉，一八八三年至一九五四年。」我彎下腰，手指貼著拼寫出她姓名的凸起金屬字母。

我的耳機裡響起莎拉的聲音：「皮特，還好嗎？」

實驗即將開始。

莎拉說：「我們只會做兩次測試，第一次是你握著一位匿名實驗者的手，第二次是你獨自待在掃描儀裡，不握任何人的手。測試時，你將遭到電擊。」她還為我複習了規則。如果我看到一個藍色的圓圈，就不會被電擊，但是如果看到一個紅色的叉叉，將有兩成的機率在接下來幾分鐘內遭到電擊。

莎拉叫我伸出右手。「匿名實驗者會來握住你的手。」

接著出現一種新的噪音，那是一種低沉的顫音，不像剛剛的火警聲那麼響亮，但夠大聲，而且讓人感到不安。我將一隻手伸到儀器外，感覺有一隻手握住我的手。那隻手很柔軟，可能是女人的手。我猜是莎拉的手，但無法確定。也有可能是柯恩某位研究生的手。

我面前顯示森林場景的面板現在出現了一個藍色圓圈。我心想，好吧，藍色圓圈代表沒有電擊，除了惱人的顫聲，這一切並不是太糟糕。

之後圓圈消失了，出現一個鮮亮清晰的紅色叉叉。我開始緊張起來，但沒發生任何事。柯恩與莎拉說過，看到紅色叉叉只有兩成機率會遭到電擊，所以也許這就是……接著一股強烈的電流猛擊我的左腿，而且不只有幾秒鐘，而是持續了好幾秒。我試著移開左腿，想止住疼痛，卻沒辦法，因為電極片貼在我腿上。

當電擊終於停止，藍色圓圈出現，我又開始呼吸了。暫時休息，我不想再被電擊。我能冷靜下來嗎？我記得妻子分娩前，我們學了「金字塔型呼吸法」撐過宮縮階段的痛苦，在腦中數到十，再回數到一，然後從一數到九，然後再數回來，依此類推，直到你度過痛苦。我開始數，一、二、三、四……這時紅色叉叉再次出現。我做好準備，盡量不動，但能感覺到雙腿不由自主地顫動。出於預期心理，我緊緊捏著手，但電擊沒發生，接著藍色圓圈出現了。我希望自己沒捏得太用力，但這是我唯一能做的事，因為我動彈不得。我認為這些電擊頻率是由電腦設定，不僅不受我的控制，也不受其他人控制。

又一個紅色叉叉！我捏著手，雙腿抽動。電擊擊中我的腿。接著藍色圓圈出現。我忘了要數數了。又一個藍色圓圈。這個實驗進行多久了？也許五分鐘？我不知道。又出現了紅色叉叉。好……一、二、三、四、五、六、七、八、九、十、九、八……我更用力地捏著手。

後來又出現兩個藍色圓圈和一個紅色叉叉，最後一次電擊宛如煙花表演的結尾。接著握著我的那隻手抽走，螢幕一片空白，噪音變得安靜。

我的耳機裡重新響起莎拉的聲音：「皮特，你還好嗎？」

她請我按控制台上的按鈕，來表示我剛剛經歷的不適程度。她先前有告訴我要怎麼做，但我現在記不起來，按錯了按鈕。

「你可以直接告訴我，從一到十，十分代表最痛苦，你會為自己遭到的電擊痛苦打幾分？」

九分。

「好的，皮特。下一輪測試時，你將獨自待在掃描儀裡。」

我沒回應。

「你還好嗎？」

我正在思考。

莎拉問：「你還想繼續嗎？」

我說：「我其實不想。我們剛剛做的測試已經獲得足夠的數據了嗎？」

我聽到莎拉在控制室裡與柯恩簡短地商議。

然後她說：「好的，完全沒問題，我們馬上帶你出來。」

◎

在控制室裡，柯恩詢問我剛剛待在掃描儀裡的感想。

我說：「我一點也不喜歡電擊。」

柯恩問：「太強烈了？」

我告訴他，電擊比我預期的更強烈，而我在等待電擊時比原本想像的更加不安。

莎拉稍早提過，每個人對電擊的感受不同，有些人幾乎沒反應。「有時我甚至得檢查電擊箱是否還有在正常運作。」

研究顯示，根據依戀模式的不同，每個人對身體疼痛的體驗與反應也不同。屬於不安全型依戀的人，無論是焦慮型或逃避型，對於分娩初期階段的疼痛描述通常更強烈，被鞭傷後承受更大的痛苦，執行引發痛苦的任務後會出現更嚴重的頭痛。實驗要求受試者將手放進裝冰水的容器裡整整一分鐘或更久，藉此引發疼痛感。比起安全型或逃避型，那些焦慮型依戀者的疼痛臨界點更低，並且描述自己遭遇的痛苦程度更嚴重。

也許在分析大腦掃描數據之前，從我對電擊的疼痛感受度以及我決定提早結束實驗一事，就能看出我潛在焦慮型依戀的標記。

我問莎拉，我握著的那隻手是不是她的手。

她說對。事實上，這是她第一次握住受試者的手。

我在聽柯恩與莎拉的報告時，發現自己很難專注，似乎在我聽清楚前，他們的話就已經掠過我的腦袋。

我說：「說實話，我的大腦感覺就像被炸過。」

「這代表你的皮質醇與腎上腺素發揮了作用，會讓你覺得有點激動，也會覺得有點可怕。」柯恩繼續笑著說：「這個實驗嚇到你了。從某種意義上來說，你遭到了輕微的恐嚇，現在得想辦法處理附帶的影響。」

我說：「我現在真的很討厭看到紅色叉叉。」

柯恩放聲大笑。

「抱歉！我懂，我懂。我看那個東西看了十二年，仍然很討厭它。」

聽到他這麼說，我至少感到些微安慰。

柯恩說：「紅色叉叉只是個抽象的概念，但它其實代表了鮑比最感興趣的東西，那就是恐懼。鮑比對這個部分的理解很正確，**依戀系統就是關於我們處理恐懼及應對威脅的方式**。」

柯恩說分析測驗結果可能需要幾星期的時間。「這次掃描可能無法產生很多具體可用的資訊，但我們會盡力。」

我向柯恩與莎拉道謝後，自己走回旅館。儘管待在掃描儀的經驗很激烈，但我發現占據我腦袋的是當天稍早柯恩提出的一些重要問題：一對伴侶無法滿足彼此所有的需求嗎？應該由誰來照顧孩子，更有助於養成安全型依戀？孩子需要的是一位主要照顧者，或是多位固定照顧者？我當然好奇磁振造影會顯示什麼樣的結果，或許可以確認我是否屬於習得的安全型依戀，但現在我被皮質醇與腎上腺素淹沒的激動大腦充滿了關於戀情與親子教養的大問題。

還好有這些迷人的大問題，因為數星期後，柯恩在電話中告訴我，我的腦部掃描沒能產生足夠的數據，無法評估我的依戀模式。早知如此，我就不用做完整趟電擊測試了。

第二部

生活中的依戀

5 咖啡約會：依戀與約會

二十六歲的塞莉絲特．桑瑪斯是我在馬里蘭州貝塞斯達寫作課的學生，她給我的印象既體貼、善良又聰明。她是人類學家，會說六種語言。她曾寫過一篇文章講述她拿了湯瑪斯沃森獎學金，環遊世界一年，研究偏遠的原住民部落，調查他們如何使用技術來保存文化。環遊世界的其中一站是北極，她在那裡遇到了一位年輕的因紐特男子。我獲得了她的允許，將她對「愛斯基摩人親吻」的精采描述引述如下：「愛斯基摩人的『親吻』是人們的一種誤稱，它比我們小時候學到的那種摩擦鼻子的衛生親吻好多了，它更像是全臉正面嗅聞，口鼻齊用的不衛生親吻。那天晚上，他叫我試一試。我用力嗅著他圓潤的棕色臉頰，差點暈倒。我擔心他的臉頰會被我聞到掉下來。數以百萬『似吻非吻』的親吻讓我的皮膚發燙。」

某天傍晚下課後，塞莉絲特問我最近在做什麼，我說正在寫一本關於依戀模式的書。

她說：「我室友不久前才叫我做依戀類型的線上測驗，她說這能讓我約會更順利。」

塞莉絲特的室友說得沒錯。

我問：「那妳的測驗得了幾分？」

那個測驗的正式名稱是「親密關係體驗量表」，以一到七分的評分標準來測量逃避型與焦慮型依戀（參見附錄）。參與測驗的受試者被要求同意或不同意「我對親密關係的渴望有時會嚇跑別人」，或「我寧可不要向伴侶表達我內心深處的想法」這類敘述。

塞莉絲特說：「我的焦慮分數大概是四分。」

那是不安全的焦慮型依戀。

就在這時，我冒出一個想法：我了解塞莉絲特的依戀模式後，可以給她介紹可能適合她的伴侶，至少是在依戀模式上可能合得來的戀人。

其實我心中有個人選。理論上來說，他應該是個完美人選。

不過我還是猶豫了。牽紅線這種事風險太高，而且成功機會渺茫。

在《米德拉什》[1]一書中，有個故事講述一名女子去找一位年老的拉比，問道：「拉

1 譯註：「米德拉什」（midrash）意為「聖經註釋」，該書是為猶太教對律法和倫理進行通俗闡述的宗教文獻。

比，《妥拉》[2]寫到上帝在六天內創造了天堂與地球，那麼祂從那時候到現在都在做什麼呢？」

拉比回答：「試著做媒。這件事很困難。」

儘管如此，既然我知道了塞莉絲特的依戀模式，就有了提高成功機率的重要工具，因為**愛情是一種依戀關係**。

約翰．鮑比寫道：「親密關係的形成被敘述為墜入愛河，維持親密關係被描述為深愛著某人，失去伴侶被形容是因某人感到悲傷。」當然，成年人的戀情不只與依戀模式有關，還有許多複雜的因素，但依戀模式乃是其核心。研究顯示，依戀模式對於愛情的影響不因性別或性傾向而有差異。研究人員馬利歐．米庫林瑟（Mario Mikulincer）和菲利普．沙弗（Phillip Shaver）指出，從調情、約會到結婚，「因依戀模式而衍生的問題無所不在。依戀模式會影響戀愛互動的品質及其終極命運。」所以了解自己與潛在伴侶的依戀模式，可增加成功配對的機會，並維持長久的關係。

某些依戀模式的組合往往比其他組合更能產生讓人滿意的穩定關係，但只要一對伴侶的其中一人屬於安全型依戀，任何組合都很有機會成功。正如哈利．萊斯教授給學生的建議：「如果你能找到一位安全型依戀的人，你就領先了五步。」

我問塞莉絲特：「如果我給妳介紹一位擁有安全型依戀模式的男人，妳有興趣認識他嗎？」

她說當然，大概吧。

「如果他不僅是安全型依戀，而且還是全國依戀研究人員公認的『典型人物』呢？」

她問：「典型人物？那是什麼意思？」

「當研究人員提到幼年時期擁有近乎完美的安全型依戀者，就會想到他！」

我不確定這位典型人物現在是否單身，但如果單身的話，她有興趣認識他嗎？

她問：「他沒有女朋友嗎？」

「我覺得有。」幾個星期前，我在咖啡館與他偶遇，看見他與一名女子在一起，但我無法判斷他們是否在交往。

我補充說：「他跟妳的年紀差不多，從事資料繪圖的工作。」

塞莉絲特覺得資料繪圖聽起來很有趣。

我又說：「而且他很英俊，身材高大，一頭黑髮，整潔體面。」

---

2 譯註：《妥拉》（Torah）是猶太教的重要經典。

她說：「身材高大是優點。」

說實話，他們兩人都很迷人。

「妳覺得呢？如果我能聯絡上他，而且他還單身的話，妳願意和他見面喝咖啡嗎？」

她說：「當然，我願意與這位典型人物試試看。」

於是我開始嘗試上帝自創世以來一直努力在做的事。

依戀模式的配對

如果一對伴侶都屬於安全型依戀，他們最有機會維持穩定的伴侶關係。《依附》一書的作者阿米爾．樂維（Amir Levine）和瑞秋．赫勒（Rachel Heller）指出，有安全型依戀的人「期望伴侶充滿了愛並且積極回應……他們對親密的行為與關係感到非常自在，並且不可思議地總是能充分表達自己的需求，或是回應伴侶的需求。」

如上所述，只要一對伴侶的其中一人屬於安全型依戀，這段關係的成功機會就會大增。事實上，與安全型依戀的人談戀愛，久了就能幫助不安全型依戀的伴侶逐漸轉變為安全型依戀。

當然，屬於不安全型依戀的人也能獲得成功的戀情，只是挑戰更大。逃避型依戀的人較獨立自主，因此往往對一段感情投入較少，當發生衝突，他們會選擇拉開距離。他們通常不會彼此配對，而是偏好安全型或焦慮型依戀的伴侶，這會讓他們感覺更自立自強。如果兩個逃避型依戀的人成為一對伴侶，問題出現時，很有可能兩人都會抽身離開。

焦慮型依戀的人希望與伴侶親近，甚至到水乳交融的地步，他們能接受強烈的親密關係與正向情緒，特別是在交往初期階段。不過他們也很難相信感情，這讓他們內心對於親密關係的渴望陷入拉扯。他們強烈需要與人維持關係，討厭因為沒有伴侶而沒有安全感。如果一對伴侶都屬於焦慮型依戀，他們的互動可能是纏著彼此與控制對方，反而限制了兩人發展的更多可能性。

最糟糕的依戀模式組合，就是樂維與赫勒所稱的「焦慮逃避型困境」，指的是逃避型依戀與焦慮型依戀組成的伴侶，兩人需要的親密關係程度不同——焦慮型依戀的人試著親近，逃避型依戀的人拉開距離。當需求無法獲得滿足，他們的反應方式完全相反，因此形成惡性循環。

鑒於一般人口的依戀模式組成（安全型依戀占五成五、逃避型依戀占兩成五、焦慮型依戀占一成五，其他屬於混亂型依戀），陷入「焦慮逃避型困境」的人數比預期中來得多。這是有原因的。

首先，安全型依戀的人通常會在剛成年後找到伴侶，並維繫穩定的關係，因此**三十歲後的單身約會人選大多屬於不安全型依戀**。

其次，逃避型依戀的人通常戀情較短暫，分手後需要的復原時間比安全型或焦慮型依戀的人來得短。因為他們從一開始就不曾投入其中，所以似乎恢復得更快，並且重回單身約會的行列。樂維與赫勒指出，在年紀較大時認識的新對象，對方屬於逃避型依戀的機率可能高於該依戀模式在總人口中的相對比例。

最後，有點奇怪的是，焦慮型與逃避型依戀的人往往互相吸引。對逃避型的人而言，焦慮型的伴侶黏人、依賴心重，讓他們更加堅信自己堅強自立。**對於焦慮型的人而言，逃避型的伴侶讓他們更加篤信伴侶的承諾不可靠**。

此外，焦慮型依戀的人可能非常渴望談戀愛，所以願意接受不那麼理想的伴侶。無論如何，這種組合的伴侶都滿足了彼此對於一段感情的預期，而這種自我印證的預言往往伴隨不愉快的結果。一項縱向研究指出，如果一對伴侶由逃避型依戀的女性與焦慮型依戀的男性組成，他們「非常容易」在三年內分手。

儘管如此，沒有任何依戀模式組合是注定會失敗的。就算一對伴侶必須面臨比別人更多的問題，只要了解各自依戀模式的影響，努力解決這些挑戰，例如透過諮詢，也可能成功維持讓人滿意的穩定關係。

◎

克里斯．威爾森住在華盛頓市中心U街某棟公寓三樓。我以為他和我的學生塞莉絲特．桑瑪斯年紀相同，但我搞錯了。他三十二歲，比塞莉絲特大六歲。但我對他外表的記憶正確，他身高約一百八十八公分，身材修長，一頭黑髮，有著方形臉，戴著時髦的眼鏡，嗓音深沉，讓我想起喬治．李維在電視劇《超人》扮演的克拉克．肯特。

我告訴克里斯關於塞莉絲特的一些事，包括她是人類學家，還會講六種語言。結果我發現他現在沒有女朋友。是的，他想認識她。

他說：「不過我應該告訴你，我結婚了。」

噢。

他有過一段不到兩年的短暫婚姻，大約八個月前與妻子分居，正在辦理離婚手續。

當然，安全型依戀並不保證一段永遠幸福的關係。我不知道克里斯前妻的依戀模式，克里斯說他不願公開談論她的事。

「你們有機會復合嗎？」我希望沒機會。

「我們和好的機會趨近於零。」

事實上，他已經開始跟別人約會。今年夏天，他跟某人曖昧了幾個月，但後來結束了這段關係。「如果我心裡很清楚這段關係不會有任何進展，我覺得有義務不浪費別人的時間。」

我覺得這就是安全型依戀的人會說的話。

我對克里斯說了更多關於塞莉絲特的事，並問他是否想看看照片。

他拒絕了，並說不必看照片。我很好奇這是否也是安全型依戀的人的特徵，但後來他告訴我，他不會刻意尋求特定外表的女性，所以根本沒必要看照片。

我問他，是否想尋找任何特定性格的女性。

他說：「只要她們不要試著當我的保姆，那會把我逼瘋，而且很倒胃口。我不需要有人扮演我媽，況且她還健在。」

我忍不住問：「所以，克里斯，你去約會時，有沒有提過自己是安全型依戀的典型人物？」

「說實話，除了一些實驗與詞彙外，我其實不太了解依戀理論。」雖然克里斯的父親是維吉尼亞大學心理學系教授，克里斯也在這間大學唸書，但克里斯說他主修英語，從未選修心理學課程。「一直到最近，我才意識到自己在依戀理論領域小有名氣。總之，我不知道如何在約會時提起這件事，除非我說：『嘿，妳或許記得我曾出現在《三歲的克里斯多佛》這部影片』。」

這部影片是在克里斯小時候錄製的，做為研究的一部分，以找出判定兒童依戀模式的方法。這項研究工作由茱德．卡西迪完成，當時她是維吉尼亞大學的研究生，與瑪麗．安斯沃思一起做研究，後者發明了用來判定幼兒依戀模式的「陌生情境」測驗。為了探究「陌生情境」對年齡較大的孩子會有什麼影響，卡西迪博士招募自願參加實驗的當地母親及孩子，這就是克里斯出現在影片裡的原因。

多年後，卡西迪成為依戀研究領域的佼佼者。她邀請我拜訪馬里蘭大學的實驗室，那天她正好播放克里斯的影片給研究生看。

「你們許多人都知道克里斯，全國多數的依戀理論研究員也是如此。」這是因為她在這三十年間，在世界各地的研討會與會議上播放這些影片。

卡西迪告訴學生，「陌生情境」會經歷八個步驟，在最後一個步驟，當母親回到房間，安全型依戀的幼童會奔向母親，希望被母親抱起來。「但是有一位三歲的孩子，儘管他希望媽媽在場，卻不太需要身體接觸。一項針對幼兒的研究顯示，安全型依戀的幼兒會對媽媽微笑，向她展示自己正在做的事情，還會說明正在做的事情。不安全型依戀的幼兒只能做到其中一件或兩件，但無法同時做到這三件事。瞧，克里斯在三歲的時候做到了這三件事，這不是很有意思嗎？」

她繼續說：「現在我們來看看三歲時的克里斯。」影片裡，三歲的克里斯看起來很開心，正站著玩一盒玩具，露出燦爛笑容。「克里斯是最愛笑的孩子，他臉上掛著貨真價實的真誠微笑。」一開始，克里斯在玩耍，他的媽媽坐在附近。她顯然很了解兒子。「她聽他說話，她很專注，但並不專橫。她沒有說：『你好棒，你好聰明！』而是溫柔鼓勵他，給予他探索的空間。」

最後，當媽媽回到房間時，小克里斯朝她微笑，向她展示玩具，然後用幾句話描述他在玩的遊戲。這三個反應都命中了安全型依戀兒童的特徵。在影片中，克里斯的編碼是「B—3」，亦即最安全的童年依戀類型。

我們在克里斯的公寓看了他三歲時的影片後，他告訴我，他期待有一天能當爸爸。「我認為我會成為好爸爸。我想再婚，但不確定是多久之後的事。」

有七成五的成人其依戀模式與幼年時期的依戀模式相同。我認為克里斯的情況就是如此，但我有義務為塞莉絲特確認一下，所以那晚克里斯應我的要求，同意接受塞莉絲特做過的那個線上依戀測驗。

克里斯回答線上測驗的問題時，他讓我在公寓內四處看看。面對熱鬧大街的窗戶旁邊是一架直立式電鋼琴，他後來告訴我，他在婚姻破裂後買了這架琴給自己當禮物。家裡還有薩克斯風、吉他和小號，其中一面牆掛滿了爵士音樂家約翰・柯川與邁爾士・戴維斯的裱框唱片，另一面掛了俄羅斯作曲家德米崔・蕭斯達高維契的油畫，克里斯說那幅畫是他根據照片自行繪製而成。餐桌上放著一大疊文件，是一本未出版的九萬字小說，克里斯的作品。旁邊是他用來寫作的手動打字機。後來我問克里斯，從事資料繪圖這種新興職業的人怎麼會選擇用舊打字機輸入一本九萬字的小說，他說純粹是喜歡打字機的美學。

根據依戀測驗，克里斯在逃避型依戀量表獲得二點九分，在焦慮型依戀量表獲得二點七分，而評分標準是一至七分，因此他仍屬於安全型依戀。他說：「如果我的前妻沒在八個月前離開的話，我猜我的安全型依戀會更強烈。」

我們的對話再次回到塞莉絲特身上。

「那麼你想約她出去喝咖啡嗎？」

他說很樂意，會聯絡她並安排時間，但這場約會必須快一點，最好這週末就要約成，因為接下來一星期他要住院接受手術治療。「不是太嚴重的病。」

剛好，塞莉絲特跟我說，她大約一個星期後要前往烏干達十二天，訓練國家森林保護員使用科技來保護黑猩猩的棲息地。

克里斯問：「你會去咖啡館監視我們嗎？我們會看到你戴著格魯喬・馬克思[3]的眼鏡坐在隔壁桌嗎？」

我說我不必監督他們約會，但我想事先與他們分別聊一聊。他屬於安全型依戀，她屬於焦慮型依戀，不同的依戀模式可能會讓他們對初次約會有著不同的期待與策略。如果我們能事先談論，我覺得會很有趣，而且可能對他們有益。

我離開前，克里斯為我演奏了一些音樂。鋼琴上放著蕭斯達高維契協奏曲第二樂章的樂譜。克里斯已完成鋼琴獨奏的編曲，他細膩而自信地演奏了這首溫柔動聽的作品。

撮合克里斯與塞莉絲特一事讓我思索，如果我年輕約會時能了解焦慮型依戀對我的影響，一定大有幫助。焦慮型依戀的青少年（成年人也一樣）都想找個愛人當做安全堡壘，他們容易陷入愛河，也常常談戀愛。我當然也是如此。從我十四歲初戀到二十九歲結婚，這中間單身的日子可說少之又少，尤其是離家很遠的那段時期。大學的時候，我到國外待了一年，獨自旅行與生活。回想起來，我可以理解自己在那種情況下對安全感的強烈需求，導致我太快就與某人走得很近。如果我當時了解這一點，可能就不會自己在國外待一年，或者會改選擇由大學主辦的留學計畫。

依戀理論也能幫助我理解早期感情關係中的其他問題，例如性行為與分手的反應。

依戀如何影響性生活

以色列心理學家古瑞特・伯恩鮑姆（Gurit Birnbaum）認為，了解不同依戀模式者的思維運作，可以為人們的性行為提供理解的架構。伯恩鮑姆針對依戀模式對性行為的影響

3 譯註：格魯喬・馬克思（Groucho Marx）是美國知名喜劇演員。

做了許多重要研究。

伯恩鮑姆解釋，安全型依戀者通常會試著從忠誠的兩性關係中滿足對性的需求，並且對親密關係感到自在，然而逃避型依戀者往往將性行為與親密情感分開看待，他們會尋求短暫的關係來確認自我價值及獨立性，並利用性行為來避免親密情感。因此逃避型比安全型或焦慮型依戀的人更可能發展出一夜情，當有人試圖引誘他們離開目前的伴侶時，也更可能正面回應誘人出軌的挑逗。他們與伴侶發生性關係時，往往專注於自己的需求，而非伴侶的需求，而他們性幻想的對象通常情感疏遠或帶有一些敵意。如果伴侶兩人都屬於逃避型依戀，性行為的頻率通常是所有組合中最低的。

另一方面，焦慮型依戀者可能會利用性行為來減輕不安全感，促進親密關係。伯恩鮑姆指出，他們將對於感情的渴望轉化為性，利用性行為來獲得伴侶的安慰。不幸的是，這可能會讓他們違背本意，接受不安全或不喜歡的性行為。他們在發生性行為時，會著重於取悅伴侶，未必能滿足自身的欲望，而他們對於感情的憂慮有時會導致性表現焦慮。**如果伴侶兩人都屬於焦慮型依戀，他們的性行為頻率往往最高**，儘管一些焦慮型依戀的人可能更喜歡性行為的情感面（擁抱、依偎、接吻）甚過真正的性行為。他們的性幻想往往帶有順從與屈服的成分，正如伯恩鮑姆所說：「服務他們無法抗拒的欲望。」

分手

安全型依戀的人在分手後往往更能夠下定決心，接受損失，處理憤怒與悲傷的情緒，並逐漸恢復。逃避型依戀的人或許看起來恢復得比較迅速，更快就再度開始約會，但從他們的回應可感覺到較多的排斥與拒絕，內心可能並未真正恢復。

我覺得克里斯．威爾森已展現這樣的恢復能力。他的妻子先提出離婚，在這段短暫的婚姻破裂後，他買了一架鋼琴送給自己。他悲傷幾個月後，開始約會。我覺得這兩種行為都是明智的處理方式。

分手時，通常是焦慮型依戀的人最為痛苦，對他們來說，伴侶代表著他們渴望的安全感，而失去伴侶讓他們難以承受。那些會讓安全型依戀者感到悲傷的事，可能會讓焦慮型依戀者感到絕望。在一項針對五千名受訪者的調查中，根據描述，焦慮型的伴侶分手後，他們的反應包括「憤怒抗議，覺得前伴侶更有性吸引力，一心想著已經分手的伴侶，失去認同感。」此外，讓人有點驚訝的是，分手後最可能施暴的人也是焦慮型依戀者，他們無法接受失去安全堡壘，可能會出現跟蹤甚至動粗等行為，想藉此接近前伴侶卻適得其反。

精神科醫師湯瑪斯．路易斯及其同事指出：「那些童年未獲得安全型依戀的人發現，他們成年後的情緒基礎就像在洶湧海浪中載浮載沉的船。當他們失去穩定的依戀情感後，其激烈反應無可比擬。如果未獲得協助，他們只能依賴舊有資源，那麼一段感情關係的結束不僅讓人痛苦，還會讓人感到無能為力。」

∞

我在塞莉絲特的公寓裡發現的第一件事，是廚房附近的架子上有一台舊型手動打字機，和克里斯擁有的那台一樣。我注意到的第二件事是一架電子琴與貝多芬鋼琴奏鳴曲的琴譜。後來塞莉絲特告訴我，她也會演奏斑鳩琴與烏克麗麗。我很好奇，兩個年輕人都有手動打字機，都有鋼琴與古典音樂琴譜，都至少會演奏六種樂器，這樣的機率是多少？

塞莉絲特的公寓位於華府市中心，我記得她在課堂上的一篇文章寫道，她在德州中部的小鎮長大，而我對她的文化遊歷感到驚奇。

塞莉絲特笑著告訴我，克里斯已經寄了電子郵件給她，他們將在幾天內碰面喝咖啡。

由於這個撮合的想法起自線上依戀測驗，我問塞莉絲特，那個測驗是否有特定的問題反映出她的焦慮型依戀？

塞莉絲特打開那個網路測驗，瀏覽問題後立刻挑出其中兩個：「我擔心一旦伴侶認識真實的我，他就不喜歡我了」與「我對親密關係的渴望有時會嚇跑別人」。

這些都是反映焦慮型依戀的經典敘述。

還有其他的嗎？

「有，這一個，『我經常擔心伴侶不是真的愛我』。」

我聽到塞莉絲特唸出這些敘述後，意識到她每次約會想必都得鼓起莫大勇氣，尤其是相親。

她說自己已經好幾年沒有投入一段認真的感情了，近期的單身約會機會讓她感到索然無味。她覺得網路約會很糟。「我停用了所有網路交友的帳號。」

什麼樣的男人才值得交往？

「情感成熟的男人，可以談論自己情緒的男人。我需要一個能討論困難事情的男人，他能坐下來談論這些讓他感到不安的事。他充滿求知欲，而且絕對不是那些生活繞著工作、健身或房地產的人。我比較喜歡開闊的人生觀。」

至少就我所知，克里斯．威爾森符合所有條件。

塞莉絲特說：「克里斯聽起來很聰明，很多興趣跟我一樣。根據你透露的那些特質，他確實讓人覺得興奮。」

塞莉絲特對克里斯的某些事情感到好奇。

「我想知道，他被當成安全型依戀的『典型人物』，對他的生活造成什麼影響？或沒有影響？我總是意識到這一點，並想像那充滿了壓力，好像有一個很難達到的期望在那。」

她繼續說：「此外，他似乎很年輕就經歷結婚與分居，考量到他的安全型依戀，我想了解更多他這方面的事。最後，他怎麼有時間編曲、寫小說、畫畫，同時還要做一份全職工作？」

塞莉絲特起身泡茶時，我獲得她的允許，把握機會參觀一下。整間公寓放滿了她環遊世界帶回來的手工藝品、面具和海報。

這些物品讓塞莉絲特的環球冒險變得更加真實，也讓我感到好奇，既然她屬於焦慮型依戀，她如何處理旅途中會遇到的情緒與安全感問題？她去了加拿大北極區、厄瓜多、巴西的亞馬遜地區、婆羅洲和澳洲內陸。我待在國外那一年，獨自住在大學城讓我覺得很難熬，而她在這些地方都是獨自生活。她提到自己有過幾段感情，包括那位愛斯基摩式親吻的男人，即使如此，我想知道她如何面對獨處的情況。

她說：「噢，獨自旅行一年很酷！我很獨立，不喜歡過得太舒服。」

焦慮型依戀的人如何能像這樣旅行，尤其是在年輕的時候，不因寂寞或缺乏安全堡壘而被打敗？她如何保持情緒平衡？

「嗯，我每到一個地方都會很快交到朋友，讓自己成為團體的一分子。」她承認有時太急了，因為太努力，所以無法讓人相信她或喜歡她。

急於尋求親密關係，與焦慮型依戀的情況一致。

我問：「但妳怎麼面對寂寞？」

「當然，我有寂寞的時候，有時候會想我為什麼要待在那種地方。」塞莉絲特伸手拿了旅行日記，並引述一篇簡短的日記：「我自己一個人待在北極！我到底在這裡做什麼？」

接著她告訴我，她想出了一套辦法來面對寂寞。

她離開家鄉德州之前，要求父母、父母的朋友，甚至前男友等親友寫信讓她隨身攜帶。信封上會標記不同的時間，例如「生日當天打開」和「寂寞時打開這封信」等。

塞莉絲特帶著待開啟的八十多封信離家。她說：「這個方法很有效，我很期待讀每一封信。」

她仍保留著這些信，將它們收在臥室衣櫃的盒子裡。

塞莉絲特開始環遊世界時只有二十一歲。對一個年輕人來說，她的寫信計畫展現了深刻的自我認識，讓人印象深刻。事實上，她創造了解決不安全依戀模式的方法，甚至將它變成她的優勢。我懷疑促使她研究原住民部落及其如何捍衛文化的同理心，可能源於焦慮型依戀者與人交流的強烈欲望。

我對塞莉絲特說，既然她能想出巧妙方法來解決獨自旅行的壓力，那麼她有任何充滿創意的方式來面對初次約會的壓力嗎？

塞莉絲特回答：「約會一定會引起焦慮，還會帶來某種深沉的疲倦感，就像是『喔，又來了』的感覺。不過沒錯，我確實有辦法面對這種壓力。我會刻意把焦點放在對方身上，詢問他們的生活。換句話說，我把約會當成了解另一個人的機會，身為人類學家的我很擅長做這件事。」

我問：「所以假設妳控制了壓力，什麼樣的初次約會算成功？」

「如果我們能在不談論工作的情況下度過前二十分鐘，就算成功。這在華府很困難，每個人都被工作制約了。」

我最後還有一個問題，我可不想漏掉。

「妳對於照顧另一半有什麼看法？在一段關係中，妳是否類似保姆或媽媽的角色，會無微不至地看顧對方？」

她回答：「是的。」我記得克里斯對這件事的態度，對於配對成功的信心瞬間降低。但就在這時，塞莉絲特改變了答案。

「不，不，我並不會像保姆一樣，我大多數時間不會這麼做。」

離開塞莉絲特的公寓前，我詢問她是否能演奏一些音樂。她坐在電子琴前，將琴譜翻到貝多芬《悲愴奏鳴曲》第二樂章的第一頁。塞莉絲特的彈奏很動聽，就像克里斯一樣。我離開公寓時，更有信心自己可能促成了一對理想伴侶。

初次約會

我讓克里斯與塞莉絲特在約會前就知道對方的依戀模式，這種情況很少見，通常第一次約會的人不會知道對方的依戀類型，尤其是相親的時候。然而了解潛在伴侶的依戀模式可能很有用，不僅能提供順利交談的完美線索，更重要的是，還能避免與依戀類型不合適的伴侶產生感情，例如「焦慮逃避型困境」。

研究人員米庫林瑟與沙弗指出，第一次約會可能會觸發依戀系統，並喚起依戀模式「最純粹的效果，它們充滿情感，讓人期待獲得關心與支持，也能喚起被拒絕的恐懼。」

我曾問羅徹斯特大學心理學教授哈利．萊斯，是否有可能在第一次約會就判斷出一個人的依戀模式？

他若有所思地說：「第一次約會？我不知道。我相信一個人可以裝得出來。但另一方面，多數人不會試著假裝自己的依戀模式，所以也許能看出一些線索。」

那可能會是什麼線索？

「嗯，一般來說，雙方第一次談話時，你會發現安全型依戀的人很放鬆、愉快，很好相處。」

研究人員米庫林瑟與沙弗也對此表示贊同，他們認為安全型依戀的人在第一次約會時，會「積極控制緊張情緒，將潛在威脅轉化為挑戰。」認識陌生人時，安全型依戀的人會「保持積極樂觀，並且相當放鬆。」這種特質能反過來幫助對方放鬆並樂在其中。

那麼，有線索能判斷不安全型依戀模式嗎？

哈利教授說：「焦慮型依戀的人會擔心被拒絕，但他們也可能表現得風趣迷人，並且對約會對象展現出興趣。當然，有些焦慮型依戀的人並不真的對約會對象感興趣，他們感興趣的是對方是否喜歡他們，是否能為他們提供安全感。就像貝蒂．蜜勒的台詞一樣：『聊我的事聊夠了，來談談你吧，你對我有什麼看法？』這就是焦慮型依戀的人會說的話。」

那麼逃避型依戀的人呢？

「事實上，逃避型依戀的人可能最容易被辨認出來。他們無法自在地談論自己的感受，所以不會談論太多私事，而是把焦點放在自己做的事情上，包括工作或最喜歡的運動隊伍等，但不會談論任何私事或內心話。」

研究顯示，不同依戀模式的人在第一次約會時願意自我表露的程度各不相同。逃避型依戀的人往往不會透露自己的事，並且有意或無意地表達自己不需要伴侶。相反地，焦慮型依戀的人在約會時，常會一下子透露太多私事，而且是在對方能接受之前就這麼做了，讓人感覺很黏人或過度心急。米庫林瑟與沙弗指出，焦慮型依戀的人對於自我表露的強烈欲望，反映出他們「希望與對方融合以平息自身的焦慮，期望在尚未探索或建立任何默契的情況下就察覺彼此深層的相似之處。」安全型依戀的人通常能將界線拿捏得「恰到好處」，就像童話《金髮女孩與三隻小熊》中的麥片粥一樣，不太多，不太少，剛好配合兩人發展的速度。

米庫林瑟與沙弗的結論是：「一開始自我表露太多，可能表示過度黏人，後期自我表露太少，可能表示對這段關係缺乏興趣或無法給出承諾。」

◎

克里斯穿戴格紋扣領襯衫、卡其褲和方框眼鏡，他上班時的裝扮讓他看起來更像克拉克·肯特。他的辦公室位在高樓邊間，桌上放著兩個大型電腦螢幕，後方及旁邊的窗戶布滿藍色與黑色馬克筆的塗鴉。他解釋，這是將資料變成圖表的腦力激盪方法，這是他的專業。在某一面窗戶上，他繪製的圖表顯示了六位總統候選人的選舉實力，另一面窗戶上畫著x軸與y軸、正弦曲線、小數和方格。

我說：「我和塞莉絲特聊過了，她說你已經聯絡她，約她去喝咖啡。」他說對，並補充說如果事情真的進展順利，那將會是一個精采的相遇故事。

「如果我說和陌生人約會讓我很緊張，你會不會驚訝？我的意思是，在你知道我屬於安全型依戀的情況下。」他繼續說：「這可能是我第一次被撮合相親，我確實有些焦慮，但沒有想像的那麼嚴重。」他說他其實很害羞，不論上學或露營時，要面對其他小孩都會有些緊張。「安全型依戀很重要，但那不是一切。你有可能屬於安全型依戀，但個性害羞。」

克里斯說他會試著提醒自己，過去約會從未徹底失敗。「有些人無聊乏味，但至少不曾有人去了洗手間就不回來。」

我認為這是安全型依戀的另一個特徵：即使感到焦慮，也可以透過回憶事實維持洞察力，讓自己冷靜下來。

他說他覺得這是個「陰謀」，而找出他與塞莉絲特可能的共通點是一項挑戰。「多數隨機配對的人都有可能展開有趣的對話，我覺得這才是吸引人的地方。」

這也是安全型依戀的特徵：將新情況視為挑戰，而非威脅。

他覺得怎樣算是成功的約會？

「感覺我們之間真的有來電，而且相處輕鬆融洽。結束時會感到很興奮，就算她會到非洲待上一段時間，我也會很想再見到她。」

我說：「好吧，你們之間來不來電，我無能為力。我不知道是什麼東西讓兩人來電，這是難解的謎。」

他贊同：「沒人知道。」

週末結束前，我都沒再聽到塞莉絲特或克里斯的消息。到了星期一晚上，我無法再等待，於是打電話給克里斯，請他告訴我約會的情況。星期二傍晚，上寫作課之前，我和塞莉絲特坐下來聊了幾分鐘。塞莉絲特與克里斯的敘述加在一起，應該就能明白兩人初次約會發生了什麼事。

塞莉絲特回憶：「預定見面的三十分鐘前，我問自己：『我想這麼做嗎？』我很緊張，我想我也許還沒準備好認識新的人。總之，感覺很奇怪。」

對克里斯來說，這次約會的開頭是「充滿誤會的喜劇」。他不知道唐人街開了一家同名的新咖啡館，而是去了原來的那家。與此同時，塞莉絲特的公車塞在車陣裡，她想著：「現在我更焦慮了。這個男人不認識我，我還遲到了。」克里斯意識到跑錯地方後，傳了簡訊給塞莉絲特說：「糟了，我跑錯咖啡館了。」塞莉絲特當時坐在計程車裡，重新指引司機開往正確的咖啡館。

她說：「當我抵達時，他已經在外頭找了一張桌子。他站起來和我握手，我認為他表現得很有禮貌，也沒這麼擔心了。」

兩人來電嗎？

她說：「我想是吧。」

他們談論音樂、打字機，還有克里斯分居的事。

克里斯回憶：「她滔滔不絕，我很欣賞這一點。」

他們避免談論工作超過二十分鐘，這已經達到塞莉絲特設定的目標。

我問克里斯，他們之中誰會說更多關於自己的私事？

他說：「我會說是塞莉絲特，但她沒有很誇張。我認為我們一來一往，互動相當不錯。」

這場約會大約持續了一個半小時。

塞莉絲特說：「離開前他抱了我一下，然後說他將要住院六天，那段時間無法聯繫。」

幾個小時後，塞莉絲特傳簡訊給克里斯，表示這次約會她樂在其中，等她從烏干達回來，她很樂意再與他見面。

克里斯回了簡訊，說他也度過一段美好時光。

如果滿意程度以一分至五分計算，五分是滿分，克里斯對這次約會的評分是幾分？

他說：「至少我們可以成為很不錯的朋友，我很高興認識她。我的評分是四分。」

塞莉絲特給了三點五分。

幾天後，塞莉絲特去了醫院一趟，並在護理站留下一盆植物與一張便條給克里斯。她還沒踏出醫院，克里斯就傳簡訊給她：「我喜歡妳的紙條與植物。回來吧。」

他們在醫院大廳見面，他吊著點滴，插著鼻胃管。

他們見面一會兒後，克里斯祝塞莉絲特有一趟愉快的非洲之旅。

塞莉絲特後來告訴我：「我想我們已經約會第二次，而且是在醫院。」

◎

後來又過了幾個月，我與克里斯或塞莉絲特都沒特別聯絡。但我實在太好奇，他們是否有繼續約會呢？

克里斯回覆了我的電子郵件：「我非常喜歡與塞莉絲特見面，並希望我們都無法定義的那種火花更多一些。」但他沒有感受到「足夠強烈的情感連結，」所以寫了信給塞莉絲特，讓她知道他的感覺。他告訴我：「我對於可能會傷害別人感情的事很敏感，所以我做事寧願光明正大而不是鬼鬼祟祟。」他說自己仍留著她送的植物。

塞莉絲特告訴我：「他覺得我們沒有足夠的情感連結，他可能是對的。我覺得我沒有花足夠的時間與他相處，真正認識他。哎呀，這只是一場實驗，所以沒有失戀。」

克里斯與塞莉絲特之間顯然不太來電。我問哈利・萊斯教授對於這件事的看法，他說：「無論是多麼有潛力的配對組合，要能配對成功都不是這麼容易。相合的依戀模式可以提高成功率，順利展開一段戀情，然而我們仍不知道是什麼讓兩個人覺得來電，又是什麼讓兩個人覺得彼此不來電。某些研究人員懷疑這可能只是機會與時機的問題。雖然依戀模式很重要，能提高成功機率，但它無法回答生命中所有的重要問題。」

即使我擁有依戀理論的知識，做媒撮合別人仍是非常艱難的工作，就跟創造世界一樣。但我樂意之至。

6 養育人類：依戀與教養

幾年前，我與數百萬人都看過《時代》雜誌探討「依戀教養」的封面故事。讓我感到不安的不是內容，而是封面照片：一名三歲男孩穿著迷彩褲與運動鞋，站在椅子上，嘴巴吸著年輕母親的赤裸乳房。

這篇文章介紹小兒科醫生威廉·西爾斯（William Sears），他與擔任護士的妻子瑪莎·西爾斯（Martha Sears）共同撰寫了《親密育兒百科》（*The Baby Book*），推廣依戀教養。西爾斯夫婦在這本書與後來的著作中，主張「父母與嬰兒的身體保持親近」的育兒方式，包括使用嬰兒背巾（而不是嬰兒推車）、餵母乳（有些例子一直餵到學步期）、一起睡覺（就近睡在父母身邊，而非單獨一間房間）。

依戀教養運動吸引了許多追隨者，但也引起了哲學論戰：它是幫助嬰兒獲得安全型依戀的好方法嗎？或是一種「厭女陰謀」，就像某些批評者說的那樣，它強迫女性離開職場，將她們限制在家裡？

當我向採訪過的依戀研究人員提起依戀教養時，幾乎每個人都翻白眼。依戀研究專家茱德・卡西迪博士告訴我：「依戀教養是一套育兒信念，不是科學家的研究。」詹姆斯・柯恩教授在維吉尼亞大學掃描了我的大腦，他認為那些遵照依戀教養的人「不僅錯誤，而且危險。」

我能理解卡西迪、柯恩與其他研究人員的憂慮，一些遵循依戀教養的人做得太過火，多年來盲目遵守與孩子身體親密接觸的做法，可能對孩子有害。一些人似乎還會羞辱外出工作的母親，以及聘請保姆或將孩子送去日托機構的媽媽。

然而當我閱讀過更多依戀教養相關的內容，發現其主要實踐方法（嬰兒背巾與餵母乳等）只是達成目標的手段，而這個目標其實與依戀理論倡導的目標一樣。西爾斯醫師寫道：「簡單來說，就是學著讀懂寶寶給的線索，並予以適當回應。」這似乎與陌生情境的發明者瑪麗・安斯沃思設計「母親敏感度量表」時倡導的理念一致，而這個量表有三項基礎準則：母親察覺嬰兒發出的訊號，正確解讀訊號，然後適當回應。

我和前妻瑪麗一起養育孩子那段日子，主要是在一九八〇至九〇年代初期，我們憑直覺找到了後來被稱為依戀教養的那些方法。我們大多使用嬰兒推車，但也有一個史納葛利牌背巾。瑪麗後來解釋：「那很有用，讓我在廚房裡能空出雙手。」每個孩子喝母乳的時間從一到兩年多不等，不管孩子想喝母乳到幾歲，瑪麗都願意餵。我們並未一起睡覺，每個孩子都有自己的房間，但我們確實有「開放床鋪」，孩子知道自己隨時可以來我們的床上和我們一起睡。

我們會採取這些做法，我認為是源自於我們童年時期缺少的安全感，並渴望以不同方式養育孩子。我們有意識地將育兒當成最重要的事，並找了志同道合的朋友與鄰居，創造了一個互相扶持的社群。和所有的人一樣，養育孩子有時讓我們筋疲力盡，但也讓人振奮。那些日子仍是我們生命中最值得與最快樂的一部分。事實上，為我進行成人依戀訪談的精神科醫師馬里修．克提納認為，養育孩子對我形成「習得的安全型依戀」幫助很大。我無法肯定我的孩子長大後都屬於安全型依戀，因為他們從未接受評估，但我是這麼覺得的。當他們年紀比較大了，當我和瑪麗的婚姻陷入無法克服的困境時，我希望他們在童年培養出的安全感讓他們有能力適應，幫助他們面對這一切。

我育兒的日子早已結束，但我很好奇，如果我能觀察一位年輕的父親或母親，這個人既熟諳依戀理論，並且有意識地試著培養出安全型依戀的孩子，那麼我能從中學到什麼？我對極端形式的依戀教養不感興趣，但如果有一位父親或母親採取溫和的教養方法，並能清楚說明自己正在做的事情及原因，這個人將會是我的理想人選。我拋開依戀研究人員的輕蔑，決定尋找一位採取依戀教養的媽媽。

我很快在網路上找到艾麗莎．維克斯，她住在我的家鄉紐約州羅徹斯特。艾麗莎根據依戀教養的原則養育一名一歲半的男孩。她擁有相關的學術與工作背景，有社會學學士學位與社工碩士學位，目前就讀護理學士速成班，想當產科護理師。她當過陪產員，在孕婦分娩前、分娩期間和分娩後提供協助，現在她擔任嬰兒背巾班的教師。

艾麗莎答應了我的請求，讓我去參觀她的嬰兒背巾課。

這堂課在名字古怪的「孕肚學院」舉行，地點在郊區的購物中心。三十歲的艾麗莎身材嬌小，黑色直髮及肩，瀏海剛好碰到黑色鏡框的上緣，身穿彩格法蘭絨襯衫與燈芯絨褲子。她跪坐在房間中央的墊子上，背部像瑜伽姿勢一樣挺直，面對著學生，包括十位媽媽與兩位爸爸，還有至少有十二名嬰幼兒。

她在介紹時指出，用嬰兒背巾並非新鮮事，並接著說在許多非西方文化中，媽媽們很早就找到將孩子綁在身上的方法。瑪麗．布魯瓦（Maria Blois）在其著作《背起嬰兒》

（*Babywearing*）中寫道，原住民使用的嬰兒背巾包括墨西哥的「雷博佐」、非洲的「康加」、印尼的「紗龍」、秘魯的「曼達」、大溪地的「帕琉」、南亞的「紗麗」等。北美洲也曾流行使用嬰兒背巾——在一美元的金幣上，美國原住民女性莎卡佳薇雅就用背巾背著孩子。

艾麗莎在課堂上說明使用背巾的安全規則，背巾與背帶必須綁緊，別讓寶寶的下巴抵在胸前，這樣呼吸通道就不會堵塞，背著寶寶的人必須時時都要能看到寶寶的臉龐。

她提醒：「不要背別人的寶寶，也不要把自己的寶寶摔到地上。」

她展示了不同類型的嬰兒背巾，並建議：「如果你才剛開始使用嬰兒背巾，結構柔軟的背巾可以輕鬆地讓你在胸前、背後或臀部背著孩子。」她從手提箱裡拿出幾個背巾樣品，接著是背帶。這些背帶是長條布料，其中許多為手工編織，並染成彩色圖案。如果穿戴正確，使用者可利用背帶的動態張力來抱寶寶。艾麗莎優雅地將一條背帶從一邊的肩膀繞到另一側的臀部，再繞回肩膀，將一端穿過金屬環形成扣帶效果。

「有些寶寶想要維持合模姿勢。」艾麗莎把自己縮得像胎兒一樣，彷彿是緊靠在母親胸前的嬰兒。「但有些寶寶想伸出腿，像青蛙一樣。你必須觀察，當你把寶寶抱在胸前時，讓寶寶採取自然的姿勢。」

艾麗莎提到的「合模姿勢」，讓我想起了陌生情境的編碼人員蘇珊．巴里斯，她說她在評估孩子的依戀模式時，會看母親抱著孩子的時候，孩子是否完全放鬆，亦即是否「心連心」。

我看到爸媽用背巾或背帶背起寶寶的「合模姿勢」，這是嬰兒推車不可能做到的。然後艾麗莎鼓勵父母站起來，嘗試不同的嬰兒背巾。他們穿戴著背巾走來走去，就像在鞋店試穿新鞋一樣。

「汪汪！」懷亞特說。

一歲半的懷亞特有著柔軟白皙的肌膚，就像他的媽媽一樣，還有像花栗鼠一樣鼓鼓的臉頰。艾麗莎的家很舒適，她和懷亞特坐在客廳木桌旁邊玩圖卡遊戲。

艾麗莎邀請我來到她的家，談談她讓孩子獲得安全型依戀的教養方法。幾分鐘前，她的丈夫剛出門去紋身店工作。

懷亞特再次說：「汪汪！」

「寶貝，不對，不是汪汪。那是貓的圖片。」艾麗莎解釋：「我們有個鄰居養狗，那隻狗很常吠叫。『狗狗汪汪』其實是懷亞特會說的第一句話。」

我想起以賽亞，也就是我在寄養探視中心觀察的那位小男孩。即使他兩歲了，卻連「汪汪」都不會或不願意說，可能是由於他在更小的時候被照顧者忽視。

懷亞特放下圖卡，接著撕下一小片一小片的紙膠帶，將它們黏在桌子邊緣。他露出笑臉，發出愉快的咿呀聲。

我問艾麗莎，她是否研究過依戀理論。

她說修讀社工學位時曾研究過這個理論，大學時也有修兒童與家庭發展課程。

我們看著懷亞特玩紙膠帶時，她說：「依戀理論並不複雜，它的精髓就是回應寶寶，用背巾背嬰兒、餵母乳、一起睡覺，這些具體方法只是讓你們維持親密，這樣一來，你就能學會寶寶的語言，察覺他的需求並加以回應。」

我很好奇她是否跟我一樣，對於依戀教養的興趣反映了個人成長經驗。

「反映？」她問道。「不，我的爸媽善解人意，他們很關心我的成長發展。」她的母親是臨床社會工作者，管理一間照顧發展遲緩者的成年收容之家；她的父親是消防員。她自豪地補充說：「他們都非常忙碌，媽媽會帶我和同事一起吃午餐，爸爸讓我在消防局閒逛，有時我確實會有種自己在湊熱鬧的感覺，但這些事本身並沒有帶給我負面的影響。此外，我生日當天從來不用上學！我媽媽總是休假一天跟我一起過生日。」

她從未接受依戀模式的評估，但她猜她屬於安全型依戀。

有些人對依戀教養持負面看法，她覺得原因是什麼呢？我提到了《時代》雜誌的封面故事。

她說：「我知道人們的想法，認為這種依戀教養都跟完美主義有關。說實話，確實有這種極端的狀況，比較神經質的媽媽覺得如果沒做到每件事就會死掉。這就是媒體喜歡關注的，這種聳人聽聞的母親，例如她們從未離開過孩子，餵母乳餵到孩子七歲，將寶寶放在大人的床上等等。」

我問：「但妳的做法不同嗎？」

她說：「不同。我接受依戀教養的原則，不過我以更實際的方式來實踐。**這與當個完美媽媽無關，而是重視我的孩子。**」

她的孩子包括懷亞特和他的四歲哥哥，還有一個十一歲的繼女，是她丈夫第一次婚姻所生的女兒。

她繼續說：「這是要讓我們了解孩子的童年有多重要，並試著找出與孩子最融洽的相處方式。」

同調

融洽或「同調」不等同繞著孩子打轉或老是黏著孩子，從依戀模式來看，那代表敏銳察覺孩子給的暗示。以兒童與家庭為服務對象的臨床醫師葛蘭．庫柏（Glen Cooper）說：「孩子出生時沒附使用說明書，他們本身就是使用說明書。行為是他們表達需求的方式。」

對嬰兒來說，需要同調的可能包括餵食的時間，盡量減少觸摸以免打擾寶寶，以可預測的方式觀察或移動嬰兒，以充滿趣味的方式與嬰兒互動，互動時配合嬰兒的情緒及時機，而不是配合照顧者。

研究人員指出，父母敏銳察覺孩子的需求，目的是「提供安全堡壘，讓孩子可以安心地以此為據，向外探索。他們知道如果感到痛苦，照顧者會出現並提供情感支持，減輕他們的痛苦。」

照顧者與嬰兒親近，有助於照顧者學習讀懂嬰兒釋放的信號，讓兩者逐漸同調。但「同調」與照顧者花多少時間陪伴嬰兒無關，也與繞著寶寶打轉無關。照顧者可能全天候與孩子待在一起，但仍不同調。「同調」是照顧者給予關注，學著讀懂嬰兒釋放的訊號並適當回應。父母可以背著或抱著孩子，但如果他們同時盯著手機不放，就不可能察覺寶寶發出的訊號。另一方面，即使父母將寶寶放在嬰兒推車裡，但仍然將注意力放在寶寶身上（特別是面朝後的嬰兒推車），還是有可能達到「同調」。

精神科醫師湯瑪斯・路易斯思索著瑪麗・安斯沃思對母親敏感度的研究，並寫道：「安斯沃思發現，母親照顧孩子的時間長短與孩子的情緒健康之間並無直接關聯……如果一個孩子想得到擁抱就得到擁抱，想被放下就被放下，那麼這個孩子將會培養出安全型依戀。當他餓了，母親察覺到並餵他吃東西；當他開始感到疲倦，母親察覺到並讓他舒適入睡……每當母親察覺到孩子未說出口的渴望並採取行動，不僅會讓他們非常快樂，而且可以養出一個擁有安全型依戀的孩子。」

「同調」也包括鼓勵孩子探索。與孩子同調的父母會知道何時該讓孩子獨自解決問題，何時該提供協助。他們會懂得在「允許孩子發展個人能力與天資」與「介入以避免失敗」之間維持平衡。

「同調」的另一個面向在於培養父母觀察與提供照顧的能力，包括父母的身心健康和穩定的婚姻，以及能夠提供協助的祖父母和優質日托服務，也就是研究人員所稱的「家庭生態」。但如果這些父母因素轉變成負面因素，包括照顧者有憂鬱傾向、婚姻失和、保姆或日托服務的員工一直換人，將會削弱父母所提供的照顧。在某種程度上，這些因素的存在與否，有助於解釋為什麼同一個家庭的兄弟姊妹會發展出不同的依戀模式。

◎

懷亞特繼續在桌邊玩耍，艾麗莎說：「依戀養育跟完美的表現無關，事實上，我每天都失敗。」

我問：「怎麼失敗？」

「我有時會感到沮喪，後來回想起來，會覺得沮喪的時候用那種方式回應懷亞特真的不好。我的意思是我的時間很少，我能做的只有這樣。我要煮晚餐、洗衣服、上課，還要打掃房子。」

我問：「那麼妳怎麼處理這一切？」

「懷亞特清醒的時候，我不會打掃房子或洗衣服，除非我不得不做。我寧願花時間陪他，把注意力放在他身上。如果那一天只有我和懷亞特在一起，到了晚上家裡大概會一團亂吧。」

艾麗莎承認她有時很失敗，但從我觀察的情況看來，她多數時候的做法都很成功。現在她正在接受我的錄音採訪，但她主要的注意力仍在兒子身上。其他父母或許會把孩子丟在電視機、電動玩具或機械玩具前，希望自己受訪時能轉移孩子的注意力。艾麗莎沒這麼做，而是為懷亞特準備了兩種遊戲：圖片配對與膠帶。這兩種遊戲都能用上觸覺，讓懷亞特練習雙手的靈巧度與執行精細動作的技巧，而且這些遊戲沒有規則，能讓他隨心所欲發揮創造力。她一直坐在旁邊和他一起玩，但並非無時無刻都這樣；我認為她一直在評估讓他獨自玩耍有沒有問題，或他是否需要她，在「當他的安全堡壘」與「讓他自由探索」之間拿捏平衡。只有當她確定他能快樂地獨自玩耍時，她才會把注意力轉移到我身上。

艾麗莎扯下一塊膠帶，遞給懷亞特，讓他黏在桌子的邊緣。

我想把自己接收到的某些關於依戀教養的粗暴批評拿來問艾麗莎，希望她不會覺得受冒犯。

我問：「某些女性主義者說，依戀教養將女人束縛在家裡與孩子身上，妳會怎麼回應這些批評呢？」

她說：「我認為自己是女性主義者，我有事業，我有生活，但我選擇生孩子。我認為在某種意義上，花時間為孩子培養安全型依戀也促進了女性自主權與女性主義。如果我花時間培養女兒的安全型依戀，讓她充滿自信，那是很重要的一件事。我也希望我的兒子擁有安全型依戀，因為我希望他們長大後能尊重別人，留意與其他人的互動方式。我希望我的孩子都擁有安全型依戀並且快樂善良。」

「不過即使孩子擁有安全型依戀，長大之後一定會成為『善良』的人嗎？一個孩子有安全型依戀，就不可能家暴或變成連續殺人犯嗎？」

「安全型依戀的孩子仍會受到其他經歷或性格特質的影響，導致青春期或成年後的種種問題，所以養育孩子並不是等式。不過如果孩子一開始就有安全型依戀，那麼最有機會健康成長。如果你檢視研究，就會發現擁有不安全型依戀或混亂型依戀的人後來得到精神疾病的比率較高。」

艾麗莎說得大致正確。研究人員馬利歐・米庫林瑟和菲利普・沙弗指出，童年養成的安全型依戀，讓人在面對痛苦與處理生活問題時更有彈性，讓人死於「適應不良的情緒狀態與精神疾病」的機率也隨之降低。其他研究顯示，擁有不安全型依戀的青少年比較可能犯下偷竊、抽菸、濫用酒精與毒品、傷害（包括性侵與家暴）等違法行為。

懷亞特玩完膠帶後，伸手拿了裝彩色筆的容器。艾麗莎給他一張白紙，他開始著色。

她回到女性主義的話題。

「人們總是喜歡二分法，如果沒有做到一百分，就是零分。好像妳沒有時時刻刻在家，就無法養出有安全型依戀的孩子。」

我回想起來，艾麗莎沒帶著懷亞特上嬰兒背巾課。我問她當時懷亞特在哪，她說她媽媽那天早上幫忙照顧她兒子，並補充說：「我教課的時候不能帶著懷亞特這樣活潑的孩子。」

她繼續說：「聽著，我認為人們應該把焦點放在孩子身上，但不必為此犧牲生活中的一切，全天候陪著小孩。這樣不切實際。」

她說自己一週通常出門三天，奔波於工作與學校之間。「從早上七點到下午四點半左右。」這三天的其中兩天，艾麗莎的母親或一位保姆會到她家幫忙。剩下的那天，懷亞特會去幼兒園。

所以她不反對日托照顧？我立刻想到詹姆斯．柯恩教授，他認為那些遵循依戀教養的人會反對日托照顧。他讚美日托照顧，前提是照顧者維持不變。

艾麗莎說：「我完全同意，如果照顧者維持不變，那麼日托照顧沒問題。不過我的要求更多一些，我會在意更多具體細節。因為如果照顧者沒把注意力放在寶寶身上，讓寶寶有半天時間都坐在嬰兒床裡，或是都在玩嬰兒蹦跳裝置或盪鞦韆，那麼即使一整天都是同一個人帶孩子，這種互動也無助於培養依戀模式。」

一九七〇年代，女權倡導者抨擊約翰．鮑比，有些人甚至在他演說時離席，因為他聲稱受母親照顧的孩子表現得最好，特別是出生後的頭幾年。不過鮑比後來改變立場，轉而支持艾麗莎剛剛說的這類觀點：如果日托照顧結合父母敏銳的教養，只要日托機構的品質優良且照顧者維持不變，那麼日托照顧沒問題。

二〇〇一年，美國政府贊助的一項研究大致證實了這個觀點。來自一千三百多個家庭的兒童，先後在十五個月大與三歲時接受了「陌生情境」測試，評估母親的敏感度及每個孩子在日托機構的經歷（如果有的話）對於其依戀模式的影響。結果顯示，兒童是否發展出安全型依戀與母親的敏感度較相關，與他們是否接受日托照顧較無關。然而相較之下，如果母親較不敏感，孩子又長時間接受日托照顧，確實更可能發展出不安全型依戀。

雖然目前多數專家仍對嬰兒出生後第一年就送日托機構持謹慎態度，但他們似乎相信幼兒與年齡較大的兒童接受日托照顧沒問題，甚至有益於安全型依戀的發展，前提是員工素質優良（能正確解讀孩子的需求）、日托員工與兒童的比例高（一位員工照顧三名嬰兒，或一位員工照顧四名三歲以下的兒童）、兒童被分配到特定的照顧者，以及人員流動率低。遺憾的是，現在美國大多數的日托機構無法達到這些標準，尤其是貧困兒童去的日托機構。

艾麗莎認識其他遵循依戀教養原則的全職媽媽，這是她送懷亞特去日托機構之外的替代方案。「你可以結識志同道合的家長，全職媽媽會互相幫忙照顧孩子。」

艾麗莎說：「懷亞特想喝奶了。」她把他抱起來，帶到客廳的沙發上。

我沒聽到懷亞特哭鬧，是艾麗莎敏銳的「同調」能力讓她知道他餓了嗎？

我問：「妳怎麼知道他想喝奶？」

「他的手伸進我的襯衫裡。他對這件事並不害羞。」

我完全沒有注意到。

沙發上的懷亞特偎著母親，開始喝奶。大約一分鐘後，他停下來，嘆了口氣，說了「還要」，然後繼續喝。

我覺得這是另一種完美的「合模」。

西爾斯夫婦寫道，餵母乳是「內建」的依戀工具。美國小兒科學會舉出餵母乳對母嬰健康的益處，鼓勵母親至少在嬰兒一歲前餵母乳；如果母親與孩子都想，餵母乳的時間可以延長。

艾麗莎說自己雖然提倡餵母乳，但得「依照需要做調整」。如果她白天得外出，就會先擠好母乳，讓丈夫、母親或保姆餵懷亞特喝。她也在執行「嬰兒主導的斷奶」，等懷亞特準備好的時候，她會向他介紹一般食物。

此外，她半夜仍會餵母乳。她說：「這與營養無關，但那取決於你對『營養』的定義。懷亞特需要喝母乳才能重新入睡，這對這個年齡並無壞處。這是建立安全堡壘的一部分，如果我做得到，那就是我應該為他做的事情，即使我每天半夜得起床一次來餵我一歲半的兒子。」

懷亞特喝母乳時，我對艾麗莎說起我與詹姆斯・柯恩的談話內容，以及他認為人類嬰兒天生應該有多個照顧者。

她並未持不同意見。

「聽我說，我是懷亞特的媽媽，他在我肚子裡成長，我永遠是他的主要依戀對象。不過，沒錯，就成長發展而言，兒童與其他照顧者建立依戀關係很恰當。我老公也是照顧者，懷亞特也會接觸其他照顧者，因為我有其他需要關注的事情，例如學校與工作。重要的是並非讓懷亞特時時刻刻和我在一起，而是無論他與哪位照顧者在一起，照顧的本質應該與我們養育他的方式一致。」

我對另一件事感到好奇，如果沒有丈夫的協助，沒有保姆，如果沒學過社會學、社工和護理，艾麗莎還能夠以這種方式照顧她的孩子嗎？因為有人指責依戀教養是精英階層的奢侈品。

「我不認為自己是精英！我們大多時候只靠一份收入過生活，但我們過得不錯，尤其我們家有五個人。我們絕對不算富有，我和丈夫生了大兒子之後，經歷了一段艱難時期，兩人暫時分開。我們分居了將近一年，我獨居工作，還得照顧孩子，所以我很清楚那種經濟狀況。」

懷亞特的嘴離開媽媽的乳房，他喝奶的時間不到五分鐘。他發出輕輕的咿呀聲，眼睛半閉。

艾麗莎問：「想去睡覺嗎？」

她把他抱在懷裡。「你想帶著這個嗎？」她指著一個枕頭。他喝奶時，她用這個枕頭協助固定他的位置。

懷亞特說：「介個。」他指的是枕頭。

艾麗莎問：「你能把你的房間指給客人看嗎？懷亞特的房間在哪裡？」

艾麗莎溫柔地將懷亞特帶離客廳，沿著短短的走廊前進。

她輕聲說：「這是嬰兒房。」

她把他抱進房裡，把他放在尿布台上。

懷亞特開始哭了起來。

後來艾麗莎把他放在嬰兒床上，對他輕柔低語，然後播放搖籃曲的唱片。

她問：「想睡覺嗎？想要我拿被子包住你嗎？還是只想坐下來看一本書？」

懷亞特哭得更大聲了一些。

艾麗莎說：「他哭是因為抗議，他想留下來繼續玩，不是因為現在需要安慰。他一歲半，所以這樣沒關係，我讓他哭。不過要是他五、六個月大，我會抱他，讓他繼續喝奶，安撫他，不會讓他哭。你不能訓練那麼小的嬰兒學會自我安撫或自律，那只會造成傷害。」

不讓寶寶「大聲哭鬧」是依戀教養的另一個核心實踐法。西爾斯夫婦寫道：「嬰兒透過哭泣溝通，而不是為了操縱。父母的反應越敏銳，寶寶就越相信父母，越相信自己的溝通能力。」

我好奇我的存在是否讓懷亞特分心。

「如果我不在這裡，也許會好一點。」然後我悄悄離開房間。

幾分鐘後，艾麗莎帶著一杯咖啡回到客廳。我聽到懷亞特還在臥室裡輕聲哭泣。

艾麗莎一邊啜飲咖啡，一邊說：「他只是在玩，那是鬧著玩的哭泣。只要他開心，我都覺得沒關係。他會睡著的。」

我詢問關於懷亞特睡在自己房裡嬰兒床的事。依戀教養的另一個原則是嬰兒應該與父母「一起睡」，或者至少與父母共享一個房間。雖然美國的孩子出生幾個月後，鮮少有父母會繼續與他們一起睡，但這種事在世界其他地方很普遍。精神科醫師湯瑪斯．路易斯與其同事指出：「世界上幾乎所有的父母都和孩子一起睡覺。」

艾麗莎說她與丈夫實踐的是修改版本，他們讓懷亞特睡在「床邊床」，把嬰兒床的一側打開，放在他們的床邊。後來隨著懷亞特的活動力變得越來越強，他們把他移到了地板床，類似床邊床但放在地板上，避免寶寶爬行或有滾落的危險。她說：「現在他幾乎都睡在嬰兒床上，除非他生病或不舒服。」

幾分鐘過後，懷亞特睡著了。

我還有幾個問題，是關於依戀教養的常見批評。

我問：「一些研究人員輕蔑地將依戀教養當成嫁接在依戀理論上的意識形態，他們認為這些教養方法沒有任何科學基礎，妳覺得呢？」

她反問：「有什麼不是以科學為基礎？」她聽起來有些惱怒。「依戀理論背後有科學支持。你知道這些童年經歷很重要。」

我繼續說自己遇到對依戀教養嗤之以鼻的研究人員，他們認為依戀教養太過頭了，轉而鼓勵他們口中「夠好就好」的教養方式。這是二十世紀英國小兒科醫生兼心理分析師唐納德・溫尼考特（Donald Winnicott）推廣的觀念，他建議父母大多數時候都應該積極回應，而且要能夠讓孩子找得到，但不用極度完美，也不用時時刻刻都這麼做。

我問艾麗莎：「所以妳覺得這個『夠好就好』教養的概念如何？」

這終於讓她生氣了。

「我認為那讓人反感！我對文化中普遍存在的得過且過感到沮喪，例如『我只要可以應付就好，不然我能怎麼辦』。這不是我們應該為孩子努力達到的目標，尤其是明明了解這些事的重要性的科學家。這不是該為孩子做的事。我們養育孩子，永遠不該選擇敷衍了事。我們對很多事都可以滿足於『夠好就好』，但很抱歉，教養不行。拜託，我們養育的可是一個人類！」

∞

幾天後，我跟著艾麗莎與懷亞特一起到公共市場，他們每週六早上都會去那購物。一個小販問懷亞特：「你想要一顆小蘋果嗎？」

他說：「介個！」那位女人把蘋果遞給他。

艾麗莎用烏龜背巾背著懷亞特，這是一種亞洲設計的嬰兒背巾，由瓜地馬拉手工編織。艾麗莎的烏龜背巾是長方形的彩色長條棉布，每個角落都有一條帶子，讓懷亞特的胸部能緊貼著母親的胸部。他小小的白色運動鞋露出來，在下面晃呀晃的。雖然懷亞特被母親抱著，但他還是能看看四周，看看市場的景象，聽聽市場的聲音。

我們經過一個攤子，出售活生生的雞、兔子和擠在小籠子裡的兩隻山羊。懷亞特睜大眼睛說：「汪汪！」

艾麗莎糾正他：「不，不是汪汪。那不是小狗，那是山羊。」

艾麗莎在攤位之間輕鬆閒逛，她雙肩上的購物袋裝滿蔬菜水果，懷中的懷亞特乖乖坐在背巾裡。

我說：「妳真的背了很多東西。」

她說：「但我覺得他沒有重量，我真的覺得蔬菜水果比他重。」

我看著她在攤位之間靈活移動，忍不住想起我在超市裡經常看到父母笨拙地推著大型塑膠嬰兒推車，那些超市提供的推車外型就像汽車或火車，占據了大部分的走道。

購物結束後，艾麗莎走向車子。她說剛剛在市場裡，使用嬰兒背巾的人比使用嬰兒推車的人更多。「或許這是趨勢的轉變，越來越多人選擇使用嬰兒背巾。」

她解開烏龜背巾的帶子，將懷亞特輕輕抱出來，讓他坐進兒童安全座椅。

懷亞特一直都保持安靜，然後我忽然想起，懷亞特在整趟購物行程中都很安靜。我們走在狹窄的攤位走道上，經過其他孩子可能覺得深具吸引力的東西，例如色彩繽紛的食物與可愛的兔子，或是可怕的東西，例如籠子裡的山羊、忙碌的購物者或叫賣的攤販。但懷亞特一直很安靜，看起來心滿意足。整個過程中還多了我這個陌生人跟著他們母子，一直問問題打斷他們。然而他只是津津有味地吃著蘋果，表現得安寧平靜。他很鎮靜，不需要媽媽喋喋不休，不需要影片來分散注意力，不需要外型像火車的大型嬰兒推車。這可能是我的錯覺，一切似乎只需要一個將注意力放在他身上的媽媽，和一塊長長的布料，讓他可以緊緊擁抱媽媽的胸膛。

上星期我在艾麗莎的嬰兒背巾課堂上注意到同樣的事。十位母親與十二個孩子，沒有任何嬰兒哭泣，這些小孩甚至不吵不鬧，看起來心滿意足。

西爾斯夫婦指出，依戀教養可以「降低嬰兒哭泣的需要。」兒童發展專家羅伯特・馬文（Robert S. Marvin）與普雷斯頓・布蘭特納（Preston A. Britner）則指出，照顧者的同調有助於減少嬰兒哭鬧的頻率與強度。

艾麗莎把烏龜背巾折起來，將它與好幾袋蔬菜水果一起放進後車廂，然後與懷亞特一起開車回家。

我喜歡艾麗莎擷取依戀教養的精髓，實踐有助於她與懷亞特保持親密與同調的方法，不僅對她與家人很有效，又不必犧牲她的事業。可以確定的是她的「家庭生態」對她有利，包括她對兒童發展的研究，以及來自丈夫、母親與志同道合家長的支持。

不過艾麗莎也透露，她與丈夫曾經歷一段艱難時期，實際上分居了一年。她沒提到，也許她不知道，但依戀理論也可以幫助陷入困境的夫妻修補關係。我覺得自己很幸運，能訪問艾麗莎，而我也即將拜訪一對大方的夫妻，願意讓我近距離觀察以依戀為基礎的諮詢如何協助他們維繫婚姻。

7 近身慢舞：依戀與婚姻

談一段感情關係就像跳慢舞，因為受到吸引，所以我們靠近彼此，但後來開始踩到對方的腳趾。如果我們沒有安全型依戀，那麼我們不會繼續近距離跳舞，而是往後退，就像中學舞會的孩子一樣伸直雙臂。最終我們越離越遠，外遇就在這種時候發生，大多數夫妻也是在這種時候走進我的大門。

——情緒取向治療認證諮詢師大衛．施瓦布（David Schwab）

蒂芬妮與艾德加在華盛頓特區出生長大，他們從小學認識，中學時期曾短暫約會，後來就讀同一間社區大學時再次約會。同居五年後，二十七歲的兩人結婚了，就在情人節前一天，他們的父母與朋友到法院參加見證儀式。幾個月後，蒂芬妮得知艾德加外遇。

我在咖啡館與蒂芬妮及艾德加[1]碰面，諷刺的是，這間咖啡館的名字是「幽會」，位在華府的亞當斯摩根社區。令我印象深刻的第一件事，是他們的穿著非常相似，兩人穿著幾乎相同條紋的套頭襯衫，彷彿他們是一個團隊。艾德加留著修剪整齊的鬍子與八字鬍，蒂芬妮將深色頭髮緊緊紮成馬尾。

他們手牽著手，婚戒反射出咖啡館裡的燈光。他們渴望將他們的故事告訴我，希望我了解兩人如何在不到一年內，從女方痛徹心扉地發現男方出軌，變成對未來充滿信心的幸福伴侶。

我剛認識依戀理論這項研究時非常著迷，因為它似乎能夠解釋我的情感關係，為何會充滿熱情卻混亂，最後分手收場。我覺得自己在依戀理論中找到了羅塞塔石碑[2]，解開有

1 作者註：出於隱私，本章受訪者將不會透露姓氏。

2 譯註：羅塞塔石碑（Rosetta Stone）製作於公元前一百九十六年，上頭刻有古埃及法老托勒密五世的詔書，由三種語言寫成，讓近代考古學家得以解讀失傳千餘年的古埃及象形文字。

些人的感情美滿，有些人的感情歹戲拖棚且無比失敗的關鍵。但我並未想到依戀理論也可以改善，甚至挽救一段陷入困境的感情關係，直到我讀到加拿大心理治療師蘇・強森（Sue Johnson）的著作，才了解這一點。

強森年輕執業時成功治療過無數兒童與成人，但就像她在《抱緊我》一書中所述，她治療夫妻時常感到挫敗。她意識到，發生衝突的夫妻「並不關心那些對於童年關係的深刻見解，他們不想講道理，也不想學會談判。他們就是不想學習任何關於吵架的規則。」

強森感嘆，要幫助「發生衝突」的夫妻非常困難。這聽起來很耳熟。我和前妻決定分居離婚之前，一起看過不少婚姻治療顧問，但全都沒有用。我們在精神上感到很脆弱，但我不記得有任何一位治療師試圖探究造成衝突的原因或更深層的情緒。他們似乎都把焦點放在我們的溝通方式，這很有趣，但最終無濟於事。

強森發現，傳統婚姻治療的問題在於缺乏對核心問題清楚且科學的理解，這個核心問題就是「愛情」。

愛情是什麼？愛情破滅時該如何修補？強森認為回答這些問題就是治療的基礎。

強森從小「無助地」看著父母無止盡地爭吵，摧毀了他們的婚姻與他們自身。後來她為夫妻提供婚姻治療並從事這方面研究，經歷多年挫折，最終在依戀理論找到了答案。她以鮑比的著作為基礎，得到的結論與其他首屈一指的研究人員一樣，亦即愛情是成人的一種依戀形式，因此愛情存在的原因與嬰兒及父母之間的連結關係相同，即當我們與心愛的人產生情感連結，他們就會成為我們的安全避風港與安全堡壘。

強森寫道：「愛是最好的生存機制，讓我們與珍視的人保持情感連結，在我們遇上人生的暴風雨時，讓這些人成為我們的安全避風港。」這種對安全與情感連結的需求經過數百萬年的進化，「融入了我們的基因，」和人們對食物或性的需求一樣，都是健康與幸福的基礎。

深愛彼此的夫妻會互相依賴，他們不僅是彼此的安全堡壘與安全避風港，更有助於協助對方控制情緒與管理身體。伴侶之間的連結方式就像「神經二重奏」，其中一個人發出訊號，來協助調整另一個人的荷爾蒙水平、心血管功能、身體節奏，甚至免疫系統。強森指出：「我們的身體構造就是為了適應這樣的連結。」

詹姆斯・柯恩教授帶領的握手實驗（參見第四章）即為共同調整的一個例子：身在磁振造影儀器裡的人將面臨電擊的威脅，然而當他們握住心愛伴侶的手，他們的壓力指數與疼痛感都減輕了。柯恩指出：「心愛的人就像隱藏版的調節器，調整我們的生理機能與情緒層面。」

其他研究顯示，擁有美滿婚姻的男性和女性通常比同輩的單身人士更長壽健康。

強森表示：「各項領域的科學研究都清楚地告訴我們，人類不僅是群居動物，也是需要與他人建立特殊親近關係的動物。若否認這一點，恐怕得自擔後果。」

如果一個人拒絕為伴侶提供安全與保障，不能滿足彼此的依戀需求，將會危害彼此的關係。

強森指出，爭吵其實是在對感情的疏離提出抗議。「伴侶彼此真正想問的是，我可以依靠你嗎？你會陪在我身邊嗎？我對你來說很重要嗎？」

她認為在大多數的愛情關係中，依戀需求與恐懼是「導致爭執卻從未被承認的隱藏議題。」當伴侶感到不安時，他們會自我防禦並指責對方，但多數的指責都是「對依戀的絕望哭喊，抗議彼此日漸疏離的情感，唯有愛人滿懷感情的擁抱，才能讓對方安心並平息爭吵。除此之外，別無他法。」

其他研究人員補充，有時候爭吵也可能是抗議情感過度連結。

無論是哪種情況，治療的目標是要讓夫妻恢復適當的情感連結，重新建立安全感。

為了做到這一點，伴侶必須承認個人的依戀需求以及對另一半的依賴。這可能很困難，因為多數成年人不了解自己的依戀需求，而且承認這些需求與美國傳統的「成年」觀念恰恰相反——獨立自主才是高度成熟的表現。在流行文化中，「依賴」是一種弱點。然而鮑比認為「有效的依賴」（彼此依賴）以及向他人尋求情感支持是「人類的本能」，也是力量的標誌與來源。

根據這些見解，強森立志開發一種新的婚姻治療方法，她稱之為「情緒取向治療」（Emotionally Focused Therapy，簡稱ＥＦＴ）。

這種治療的核心主旨直截了當地要人們「認清並承認自己在情感上依戀並依賴伴侶，就像孩子依賴父母的養育、安慰和保護一樣。」為了加強這種情感連結，伴侶必須對彼此開放、協調並給予回應。

「我的客戶必須學著冒險，表現出脆弱的一面……承認他們對失去與孤獨的恐懼，並談論他們對關懷與連結的渴望。」強森寫道，這種有益健康的依賴才是愛情的精髓。只有當雙方都能「聽到彼此的依戀哭泣，並以安慰人心的關懷予以回應，」夫妻關係才會發生關鍵性的轉變。

自從她開發了ＥＦＴ以來，在北美與世界各地已培訓了數千位治療師。比起以往的婚姻治療方法，ＥＦＴ發揮了極優秀的效果。據統計，受過ＥＦＴ訓練的治療師所治療的夫妻，其中七成至七成五描述自己承受的痛苦減少了，而且感覺更幸福。

事實上，強森及其同事最近還開發了「情緒取向個人療法」，專門用於個別客戶的情緒取向治療。[3]

柯恩教授的磁振造影牽手實驗顯示，ＥＦＴ對神經系統很有效。聲稱婚姻不幸福的二十四位婦女被單獨送進磁振造影掃描儀，當她們面臨電擊威脅時，無論是握著陌生人的手或丈夫的手，她們的大腦活動情況並無差別。然而經過幾個月的ＥＦＴ諮詢後，當這些婦女再次被送進掃描儀並握住丈夫的手，她們的大腦掃描結果變得較為平靜。她們說電擊「讓人不舒服，」但不疼痛。研究人員做了結論：「伴侶在場時，ＥＦＴ可以改變我們大腦的編碼方式與回應威脅的方式。」

強森則指出：「愛是一種安全暗示，確實可以讓我們大腦的神經元變得平靜，並給予安慰。」

◎

蒂芬妮得知艾德加外遇後，艾德加要求做婚姻治療，但蒂芬妮不願意。她以前因為焦慮症與憂鬱症看過治療師，覺得那無濟於事。但艾德加非常堅持。此外，費用也是一個問題。蒂芬妮與艾德加都有工作，他是清潔服務公司的區域經理，她在遛狗服務公司擔任兼職業務與文書工作，但是兩人的財務狀況並不寬裕。蒂芬妮得養育她與之前的情人生的兩個孩子，現在還懷了她與艾德加的孩子。為了省錢，他們和蒂芬妮的父母同住。

艾德加找到了馬里蘭州的公益計畫。這項計畫將那些資源有限的人與那些自願提供免費服務的心理健康專業人士配對，將蒂芬妮與艾德加轉介給領有執照的婚姻與家庭治療師芮娜・伯納茲（Reena Bernards）。

我獲得蒂芬妮與艾德加的同意，在馬里蘭州銀泉市的餐廳與芮娜碰面。

芮娜告訴我，學習EFT是一大挑戰，但經過八年多的練習與數十個案例，她發現它很有效。她說：「這對『關係惡化』的夫妻特別有效。」指的是那些處於「行為的負面循環、互相指責、感到絕望的那些夫妻，包括外遇的夫妻。」

她表示，EFT的治療過程通常會在六到十個月內持續二十次至三十次諮詢，蒂芬妮與艾德加在十四次諮詢後就完成了治療，這是她見過最快的例子。「並非所有夫妻都能完成療程，有些夫妻的感情變好，有些夫妻決定離婚，儘管那種情況很少見。」

3 作者註：若想尋找情緒取向治療認證的婚姻諮詢室，請參閱國際情緒取向治療人才中心的網站 iceeft.com，上頭列出多位諮詢師會利用與依戀理論相同的原則為客戶提供諮詢。

這類療程通常會經歷三個階段，詳述如下。

第一階段：減輕惡化程度

在頭兩次諮詢時，芮娜會讓夫妻熟悉治療過程，並開始認識他們。她回想自己對蒂芬妮與艾德加的第一印象：「我感受到他們之間充滿愛與關懷，但我對外遇的事及其含意感到擔憂。這是真正的感情裂痕，我不知道我們是否有辦法加以修補。」她的其他目標是確定這對夫妻的負面情緒，並且打斷這種惡性循環，減輕感情的惡化程度。

其中一個步驟是與夫妻單獨會面，詢問關於原生家庭與成長經歷的問題。這些問題來自成人依戀訪談（參見第二章），旨在揭露每位伴侶的依戀模式。諮詢師可利用這些資訊，了解每個人的依戀模式、情感開放程度，以及他們願意依賴、信賴他人的程度。

蒂芬妮回答成人依戀訪談的問題時，她告訴芮娜：「我長大後真的很難相信任何人。我不相信別人，我覺得自己不能依賴他們，雖然我想這麼做。」她與艾德加交往時，仍舊保持同樣的心態。「艾德加出現之前，我養了兩個孩子。我需要他的幫助，但我不覺得我可以依靠他。」

艾德加回答成人依戀訪談的問題時，承認他在和蒂芬妮相處的時候，再次經歷了成長過程中的無助感。「蒂芬妮認為我幫不上任何忙，因此我被拋下了，我覺得自己沒什麼用。」

芮娜從成人依戀訪談的結果，以及與蒂芬妮與艾德加的進一步對話得出結論：蒂芬妮屬於焦慮型依戀模式，艾德加屬於逃避型依戀模式。她警告說：「這些事件都是持續且相關的，不會單獨發生。不過總體來說，這些是他們的依戀模式。」

蒂芬妮與艾德加陷入了可怕的「焦慮逃避型困境」。芮娜解釋：「對於逃避型依戀的人而言，愛情與親密關係可能充滿風險，但是逃避型依戀的伴侶越是拉開距離，焦慮型依戀的伴侶就越是追著不放，於是形成了焦慮逃避型困境。」（如果想進一步了解關於這種戀人組合的問題，請參見第五章。）

在芮娜治療過的夫妻中，她發現不安全型依戀的比例極高。「如果夫妻中的其中一人在某種程度上屬於安全型依戀，那確實有助於療程發展。但我從沒遇過任何夫妻有人是屬於『標準』安全型依戀的。如果一對夫婦中有一人屬於安全型依戀，他們或許不會在這些問題上陷入僵局，最後落到得接受治療。」

芮娜說在她的客戶中，焦慮型加上逃避型的組合很常見。她也見過夫妻雙方都屬於焦慮型，有些則是焦慮型加上混亂型的組合，而她從沒見過一對夫妻都屬於逃避型依戀。

剛開始諮詢時，芮娜會將重點放在探究焦慮型與逃避型依戀模式如何展現在夫妻關係中。舉例來說，焦慮型依戀的人對伴侶可能會有強烈的需求，但同時無法完全相信這些需求會獲得滿足，進而引發批評與抱怨，例如「你都不陪著我」，或「你只會讓我再度失望」。它也有可能讓人表現出極端的「自立自強」，但這其實只是一種防禦機制。表面上，焦慮型依戀的人經常責怪伴侶，但他們的內心深處其實是在尋找親密與連結。逃避型依戀的人可能不知道如何從一段感情中滿足自身需求，他們會拉開與伴侶的距離，而不是追著情人不放。有時他們退出一段感情的方式就是外遇。

相反地，如果焦慮型依戀的伴侶外遇，往往是因為試著滿足對方需求卻失敗，感到筋疲力盡。芮娜解釋：「我們稱之為『筋疲力盡的追求者』。」

風險因素

在治療第一階段，特別是個別療程期間，治療師通常會發現夫妻中必定有一人採取了阻礙治療的持續性行為，這些行為包括藥物濫用、家庭暴力、不忠、出軌等。

然而在這個案例中，芮娜確信艾德加的外遇不是風險因素。她回憶道：「艾德加與蒂芬妮都跟我說那段外遇結束了，蒂芬妮說她不會疑神疑鬼。」

從依戀的角度來看，外遇的人是艾德加而不是蒂芬妮，這並不讓人意外。**在夫妻關係中，出軌的經常是逃避型依戀的伴侶**。比起安全型與焦慮型的伴侶，逃避型的伴侶往往「對於主要關係不太投入，」因此外遇。他們也比較可能積極回應「偷獵」（mate-poaching）行為，亦即那些試圖勾引他們離開目前伴侶的行為。

另一方面，情感暴力這種風險因素比較常見於焦慮型依戀的伴侶。焦慮型依戀的人面對分離的壓力時，尤其是面臨可能永遠分離的恐懼，他們對親密關係的強烈渴望可能引起充滿敵意的反應。約翰·鮑比稱這是「因恐懼而產生的憤怒。」

這或許聽起來很奇怪，因為我們通常認為焦慮型依戀的伴侶是最渴望親密關係的人，但研究證實，如果一段愛情出現暴力相向，那麼動用暴力者最有可能是焦慮型依戀的伴侶。研究人員菲利普·沙弗與馬利歐·米庫林瑟指出：「從依戀的角度來看，伴侶之間的暴力是一種誇大形式，是為了抗議伴侶沒有時間陪伴並缺乏回應。」

有時這種暴力又被稱為「常見的伴侶暴力」，亦即失控的爭吵，比較不可能是更極端的暴力行為，例如毆打。

然而蒂芬妮與艾德加的問題與暴力無關。

第二階段：修復依戀傷口

在這個階段，每個人都有機會說出對方的行為激起自己何種情緒，例如恐懼、悲傷或孤獨，並且問他們在感受到這些情緒時自己需要什麼。這是修復依戀傷口的開始。

舉例來說，如果發生外遇，治療師會努力了解遭背叛的伴侶的情緒，以及他們適合什麼樣的治療方法；同樣地，治療師也會去了解出軌的伴侶的情緒，以及導致出軌行為的原因。芮娜強調：「並非寬恕這種行為，而是了解它發生的原因。」

這個階段的第一步，芮娜稱之為「抽離者重新參與」。她會詢問艾德加：「當你與蒂芬妮陷入那個循環，也就是你覺得自己很糟糕時，那是什麼感覺？」芮娜要求艾德加向蒂芬妮形容那種感覺。艾德加說，他覺得自己需要一個擁抱。

接下來，芮娜詢問蒂芬妮，當她覺得無法相信任何人，得一肩扛起所有重擔，那是什麼感覺？她要求蒂芬妮向艾德加描述那些感覺，並跟他說自己在那些時刻需要什麼。芮娜還要求蒂芬妮談談艾德加出軌讓她多麼難受，聊聊她對那件事的感受。艾德加聽完之後道歉，他認為是他們之間出現的疏離感導致了外遇，並說出了治療過程中自己發生的變化。這種變化能阻止外遇再度發生。

在這段期間，蒂芬妮的祖母剛好生病了。儘管這是個苦樂參半的機會，卻讓蒂芬妮與艾德加得以實踐他們透過EFT學到的東西。她說：「芮娜的重點是讓我們知道，我與艾德加在情感上是多麼需要彼此。這對我來說很陌生，我從未意識到自己其實很需要他。祖母生病時，我意識到自己可以信任艾德加，並在需要的時候向他求助。

「祖母去世後，我讓艾德加抱著我，讓他帶給我許多安慰。芮娜讓我意識到，我以前從來不願意讓那種安慰進入生命，我之前一直把安慰與艾德加推開。我害怕讓他進入我的生活，因為他可能會離開我。這就是我之前的生活模式。」

艾德加回憶道：「蒂芬妮的奶奶去世後，我能安慰她，我覺得她讓我進入她的生活，讓我成為她生活的一部分。我可以安慰她、擁抱她，最後她也抱著我。」

第三階段：鞏固成果

治療結束後，夫妻還得面對一項風險，就是再度陷入負面循環。所以在治療的最後階段，治療師會鼓勵他們使用不同的「語言」，來找到擺脫負面模式的方法。例如感到難過或失望時，伴侶可以學著表達他們內心的情感，不只是表達「我很生氣」這樣的次要情緒，而是說出更脆弱的感受，例如「我很害怕」、「我很傷心」、「我覺得孤單」、「我想念你」等。這種事要慢慢學，但它可以讓負面循環消失。

蒂芬妮回想她與艾德加最後一次的諮詢：「芮娜問我們：『你們今天想談什麼？』我說：『我覺得我們很好。』我們就這樣完成了療程。」

艾德加回憶道：「她教我們認識整個爭吵的循環，一個接著一個，都是相關的。」

蒂芬妮說：「現在我們的溝通好多了。」

芮娜對這對夫妻印象深刻。「他們非常認真對待這整個過程，願意暴露情感上的弱點，讓療程發揮作用。他們是一對可愛的夫妻，我在這半年裡看到他們改變很多。他們堅持下來，而且很勇敢。我希望他們能繼續幫助彼此成長並保持親密。」

充分了解EFT後，尤其是看過蒂芬妮與艾德加的出色治療結果，我想著，如果這項治療方式能被更廣泛地應用，那麼許多的婚姻是否可以擁有不同的結局？這些夫妻能否了解自己的依戀需求，學會表達潛藏在怒火、傷心和猜疑背後的情緒，學會原諒彼此，進而讓更多孩子在穩定完整的家庭中成長？

我與蒂芬妮及艾德加在幽會咖啡館見面後過了一年，我收到了蒂芬妮寄來的電子郵件，上頭寫道：「我和艾德加在去年十二月生了一個男寶寶，他的名字是盧卡斯，現在七個月大了。他讓我們忙翻了！自從上次和你見面之後，我們持續努力，想辦法多花些時間在彼此身上，維持更好的關係。寶寶確實讓我們變得更親密了。」

蒂芬妮補充，她在懷孕那陣子常常得臥床休息，所以她和艾德加決定搬去和她父母住在一起，以獲得額外的支持與照顧。「雖然我的爸媽很棒，但對我和艾德加來說，那段日子還是很辛苦。我們從芮娜那裡學到的一切確實幫助我們撐過來了。後來我們搬出來，有了自己的家，現在過得非常幸福。」

她最後寫道：「我們一直沒再和芮娜女士聯絡，但我們把這當成好事。」

8 時髦與優雅：依戀與友誼

我遲疑地敲了敲公寓走廊對面的大門。新住戶剛搬進來，我覺得自己得打個招呼。一隻狗在吠叫，大門開了一條縫，一名女子喊道：「隊長，安靜！」大門又打開了一些，我終於看到新鄰居，一位二十五歲的年輕女子，留著棕色長髮，漾著溫暖笑容。她的脖子上戴著頸托，以有點古怪的角度抬頭。

然後她邀我進門。

她的公寓和我想像的不太一樣，沒展示文憑，沒有競選海報或政治家的照片，不像人們對華盛頓特區年輕專業人士住家的刻板印象。客廳樸實舒適，擺放了許多家庭合照、抱枕、被子，還有狗狗的玩具。

廚房裡一張裱框的照片暗示了年輕鄰居的現況。「如果生活給你萊姆，那就加點龍舌蘭酒吧。」我後來才得知，珍[1]最近得到太多萊姆了。

四個月前，在珍二十五歲生日當天，她發生了車禍。當時她在市中心開車載媽媽與妹妹，等紅燈的時候被後方車輛撞上。她的乘客只有輕傷，不過珍解釋：「因為我正好轉頭。」她的脖子與頭部受到重創，還有腦震盪。是救護車將她送到醫院。

她短暫的不幸婚姻突然結束後，不到一年，她就出了這場車禍。

儘管珍必須面對生理上與情感上的挑戰，她看起來適應力很強。頭頸的傷讓她疲憊不堪，她經常因此站不穩。她告訴我，有一次她在淋浴間摔倒；另一次，我看到她在踏進電梯時跌了一跤，整杯熱咖啡都灑了。不過她還是每天起床更衣，定期去看醫生，包括神經科、神經眼科、脊骨神經科和物理治療。無論天氣好壞，她每天都會帶七十磅重的黑色拉布拉多犬「隊長」出門遛一遛。

這樣的生活對任何人來說都會疲於應付，更不用說她最近剛離婚。她和家人的感情似乎很好，她的母親、父親和阿姨經常輪流到她家過夜幫忙，但我想知道當珍在應付這些挑戰時，她的朋友扮演什麼角色。之前與羅徹斯特大學心理學教授哈利．萊斯的一場對話浮

1 作者註：出於隱私，本章受訪者將不會透露姓氏。

現在我的腦海，他說：「研究人員有時候說得好像只有結婚或有伴侶的人才有依戀關係，但還有很多單身人士，他們也不是沒有安全堡壘與安全避風港。所以他們如何滿足依戀需求呢？」

哈利教授表示，通常是透過一位特別親密的朋友。

他指的並不是一般的友誼，而是互相扶持的親密老友，至少可以滿足我們的某些依戀需求。

而我的鄰居有幸能擁有一個這樣的朋友。

我第一次看到露西，是珍放在客廳裡的一張裱框照片。那是她們幾年前拍的。露西的手臂搭著珍的肩膀，她們面對相機微笑時，兩個人的頭靠在一起。珍向我描述露西的模樣：「她很漂亮，一頭紅髮，臉上還有雀斑。」

她們都在馬里蘭州貝塞斯達長大，但就讀不同的學校。高中二年級的那個夏天，她們在軍醫院擔任紅十字會志工認識的。

珍回憶說，她們是護理人員的助手，工作經常是整理放滿了捐贈遊戲與截肢者衣物的儲藏室。

她回憶道：「我們也遇過患者家屬，我們看到了病人，其中一些人後來死了。在十七歲時和某人一起經歷這些事是很難得的經驗。」

病患與醫院工作人員看她們總是形影不離，稱她們為「時髦女孩與優雅女孩」。

我問：「妳是哪一個？」

珍說：「我覺得我是時髦女孩，露西是優雅女孩，含蓄，外表迷人。她的衣服有許多蝴蝶結與蕾絲，我穿的是運動衫與牛仔褲。」

高三時，她們繼續當志工。珍說：「這成了我們生活的一部分。」

高中畢業後，珍留在馬里蘭州讀大學，露西去了羅德島。但她們會探望彼此，一起度過短暫假期。珍飛到亞利桑那州探望祖母時，露西也會一起去。珍說：「她就像我們家的一分子。」

在珍的婚禮照片上，露西與其他伴娘站在一起，每個人都穿著香檳色的亮片禮服。婚禮晚宴上，露西與珍的家人坐在一起。

「露西是我見過最善良、最有同情心、最寬容，也最熱心助人的人。我在人生中的各個階段交了不少好朋友，但露西一直都是我最好的朋友。昨天她傳簡訊說她下週末會過來。」

露西住在紐約市，在網路雜誌公司從事行銷工作。雖然她們透過電話與簡訊保持密切聯繫，但兩人已經好幾個月沒見面了。

我問珍，她們下次碰面的時候，我可以隨行嗎？

「當然可以，只要你不介意我們見面時放聲尖叫。」

◎

珍在十幾歲時遇見露西，這位朋友可以滿足她的某些依戀需求，這個例子正好符合研究人員認定的模式：早從中學開始，尤其是在青春期，年輕人會將部分的依戀需求從父母轉移到同性同儕身上。第一個轉移的依戀需求通常是「尋求親密」，亦即希望與朋友保持身體親近，或者至少密切溝通。從青少年到二十歲出頭這段期間，另一個轉移的需求是安全避風港，遇上問題時，人們會依賴可靠的朋友，從他們身上獲得安慰與支持。

值得注意的是，「安全堡壘」這項依戀需求（從某人給予的堅如磐石的承諾中，找到探索世界的信心）通常不會轉移，直到有了伴侶或配偶。然而有些人會持續將父母當做安全堡壘，直到成年，甚至婚後依舊如此。

為了協助人們確認生命中哪些重要的人能滿足其依戀需求，包括康乃爾大學的辛蒂．哈珊（Cindy Hazan）等人在內的研究人員開發了一份「WHOTO」量表。這是根據「尋求親密」的需求所設計的問卷，好讓我們了解自己在痛苦或需要幫助時會向哪些人求助，問題包括：「想到要和誰分開會讓你感到最難過？」或是另一個根據安全避風港需求所設計的問題：「當你擔心某件事時，會想和誰聊聊？」根據安全堡壘功能的問題例如：「你認識的人之中，誰會永遠陪著你？」或是「你想與誰分享成功？」

雖然親密的朋友可能滿足這些經過挑選的依戀需求，但是對青少年或二十出頭的年輕人來說，從友誼轉變成真正的依戀關係這種事並不常見，這種友誼必須滿足所有的依戀標準，包括安全堡壘與「分離抗拒」（separation protest），後者指的是與朋友實際分離或可能分離時表現出難過或不滿。正如研究人員溫德爾．福曼（Wyndol Furman）所說：「人們可能會試著與朋友親近，有些人可能會向朋友求助，把他們當做安全避風港，但大多數不會認為朋友是能據以探索世界的安全堡壘。當人們非自願與朋友分離時，通常不會抗議。」

然而某些友誼確實滿足了這樣的需求，因此可能成為真正的依戀關係，通常在成年兄弟姊妹或老年人之間比較容易發現這種友情。

對於珍而言，她第一次極度仰賴露西，把露西當做安全避風港，可能是在她婚姻破裂那段時期。

珍回憶道：「我打電話跟露西哭訴，她和我仔細討論那些事。有些事情你就是必須討論很多次，把它們說清楚。露西完美地扮演傾聽的角色，她不批判，而是重述我的感受，她會說：『對，妳很難過，妳有理由難過。』

「那時我很年輕，關於離婚這件事，其他朋友不知道該如何回應才好，但露西知道，她能理解這件事很複雜。有一天我說：『我必須離開他。』隨即又說：『我撐了那麼久，不能現在放棄。』無論怎樣，她都會支持我，陪我度過難關。她是最支持我的人。

「我把前夫趕走後不久，就跑去跟露西一起住。」

後來珍回到華盛頓特區，透過電話、視訊和簡訊與露西保持聯繫，兩人也會不時拜訪對方。

結婚十個月後，珍完成了她的離婚手續。

研究顯示，雙方的依戀模式及模式的協調程度，會影響友誼的品質與穩定度；個人的依戀歷史則會影響密友的人數，以及友誼的親密與穩定程度。

與愛情關係一樣，安全型依戀的人最容易建立並維持穩定的友誼。因為友誼也是一種親密關係，受到幼年時期照顧者與兒童的互動經驗所形成的「心智模式」影響。

這種影響最早出現在小學時期，而且頗為明顯。國際公認的童年依戀關係專家艾倫・斯羅夫（Alan Sroufe）指出，「嬰兒的依戀安全感能明確預測其各個年齡層與同儕互動的能力，」進一步預測友誼的品質。另一方面，不安全的依戀模式將預示這個孩子日後與朋友之間「更棘手的關係。」

在建立與維繫友誼這方面，安全型依戀確實可以帶來許多好處。這類型的人比較願意「適度地」表露自我，對親密關係比較自在，比較願意信任別人也值得信賴，更願意為朋友付出，能更穩定地與朋友互動，比較懂得如何解決衝突，而且比較容易對一段友誼感到滿意。

那些焦慮型依戀的人呢？他們投入友誼並盡力付出，渴望表露自我，但有時表露得太多。他們有時可能會指責朋友，因為他們對親密關係的強烈需求未能獲滿足。此外，一些極端焦慮型依戀的人害怕被拋棄，這種恐懼可能會讓他們向朋友施壓，要求朋友做出超出意願或能力的承諾，而這麼做只會把朋友推得越來越遠。

相比之下，逃避型依戀的人渴望獨立自主，比較不願意表露自我，認為友誼中的親密關係較難獲得回報，而且比較可能與朋友發生衝突。一份針對十七歲到五十六歲的研究調查了一百二十對同性朋友，發現屬於強烈逃避型依戀的人對朋友付出較少，而且較容易對友誼感到不滿意。

我還沒見過露西，但根據珍的描述，露西在她經歷婚姻危機時展現敏銳堅定的支持，我想珍應該交到了一位安全型依戀的摯友。

◎

兩天後，珍邀請我和她一起帶隊長出門遛一遛。

準備離開公寓時，珍說了聲：「牽繩！」那隻狗兒乖乖地咬起地板上的牽繩。

珍不再戴著頸托，她將深色頭髮綁成髮髻並戴上頭巾，她的物理治療師說這麼做有助於減緩頭痛。自從車禍發生後，她就一直戴著圓框大墨鏡，好減輕光線敏感的問題。高髻、頭巾、超大墨鏡，這些配飾打扮或許都有治療用途，但整體看起來還是很時尚，讓我想起電影《第凡內早餐》裡年輕優雅的奧黛麗．赫本。或許以前的珍是「時髦女孩」，露西是「優雅女孩」，但是那天下午，我們在市中心的使館區與豪宅區散步時，珍看起來也相當優雅。

我們走過一個街區，站在一座莊嚴建築前方的草地附近。那棟建築有一個歷史標牌，上面寫著電話的發明者貝爾曾住過這個地方。

珍說：「隊長，快點方便！」

不出片刻，隊長就完成了牠的任務。珍在牠身後用塑膠袋撿起狗便。

以大狗來說，牠似乎非常溫順。

最初她為當地某非營利組織照顧並訓練隊長，好讓牠成為殘疾退伍軍人的服務犬。但牠太愛吠叫了，沒通過期末考，於是珍收養了牠。

我說：「結果最後是牠幫了妳。」

珍說：「對，每個人都這麼說。大家都說牠沒通過考試是有意義的。」

我們散步時，我看到許多二十和三十多歲的人，半數都盯著手機螢幕，或許正在社群媒體上與「朋友」一起打卡。我想起最近一項研究，比較不同依戀模式的人對網路友誼與現實友誼的滿意程度。結果很有趣，它顯示所有依戀模式的人對現實中的朋友自我表露的內容多於網路上的朋友；這或許也顯示了，比起網路上的朋友，大多數人對現實中的朋友比較滿意，只有焦慮型依戀的人除外。在這項研究中，焦慮型依戀的人對現實友誼與網路友誼的滿意度一樣，他們對這兩種友誼都不滿意。顯然導致焦慮型依戀者對現實人際關係感到不滿的因素，同樣會影響網路友誼，尤其是當朋友沒回應他們對親密與承諾的強烈渴望時導致挫折感。

我們繼續散步，珍跟我說明天會和露西見面，但目前仍未確定地點與時間，但珍確定她們歡迎我在場。

根據珍先前的描述，她與前夫離婚分居那段期間，露西顯然發揮了「尋求親密」（與朋友保持親密或至少維持密切溝通）與「安全避風港」（利用可靠的朋友來獲得安慰與支持）的依戀功能。不過我很好奇，珍最近發生車禍後，露西是否能發揮相同功能。當時露西住在紐約，車禍發生後，珍有腦震盪，我不認為她有辦法用電話聊很久或一直上網，她當然也無法旅行。

珍說：「我那時並不知道，但顯然我媽在車禍後立刻傳簡訊給露西，她幾天內就到了醫院。」

我認為那滿足了尋求親密，但安全避風港呢？露西如何為她提供安慰與支持？

珍說：「她幫我洗澡。」

「幫妳洗澡？」

「對。因為我一天二十四小時都要吊點滴，醫院不讓我自己洗澡，所以露西扶我到淋浴間，和我一起進去。我赤裸著身體，她捲起袖子幫我洗頭，用毛巾擦洗我的身體，再幫我綁辮子。」

這是我聽過關於安全避風港最感人的描述。

「那一刻我們完全不覺得奇怪，而且我沒有其他信任的人可以幫我做這些事。我想這就是成年女性確認自己真的擁有一個超級好朋友的方式吧。」

珍與我帶著隊長繼續繞過一個街區。雖然珍最近經歷了這些不幸與意外，但從很多方面來看，她都是一位幸運的年輕女子。

那天下午，我告別珍和隊長，想著她跟我說的關於露西的一切。聽起來露西擁有安全型依戀。

但實際情況也可能並非如此。珍與露西是在軍醫院當志工時認識的，她們成為對彼此忠誠的好朋友。如果珍後來發現露西不屬於安全型依戀，反而有極度焦慮型依戀或逃避型依戀呢？

如果朋友是不安全型依戀，我們要如何恰當處理這段友誼？

哈利教授建議：「與不安全型依戀的朋友往來時，請用符合對方心理防線的方式對待他們。」換句話說，如果朋友有焦慮型依戀，請經常向他保證你會陪伴他並為他付出。如果朋友有逃避型依戀，別要求對方過於親密，而是要給他空間。

這種方法或許可行，但最終還是會讓人感到沮喪，因為那樣的朋友仍無法成為親密穩定的夥伴。然而一項新研究為人們帶來一線希望，尤其是那些屬於強烈逃避型依戀的人。紐西蘭大學的研究人員主張：「強烈逃避型依戀的人並非不想要或不需要關懷與支持，他們想要也需要，但他們預期自己靠近或依賴伴侶時會被忽視或受傷，所以想保護自己。」

這項研究對象是情侶，但可能同樣適用於朋友。它發現普通程度的支持可能只會引起逃避型依戀者對依賴的恐懼，但超高程度的支持可以突破他們的心防，並讓他們正面回應朋友的支持。

然而並非所有類型的支持都有效。表達關懷或理解與同情等情感支持，助益不大；如果你自始至終對他們提供超高程度的實際支持，包括提供資訊、提出具體行動和解決方案，就能慢慢讓他們卸下心防。

一般來說，別要求逃避型依戀的朋友過度親密或自我表露，給他們留一些空間。不過如果你真的希望與那位朋友建立緊密親近的關係，不妨試著提供實際的支持，協助他解決問題。隨著時間過去，這個方法或許可以突破他們的心防，讓他們敞開心胸信任你。

不幸的是，同樣超高程度的支持似乎對焦慮型依戀的朋友沒效。研究人員發現，不論是超高程度的情感支持或實際支持，都無法滿足強烈焦慮型依戀的人「對親密與關懷無止境的渴望。」事實上，焦慮型依戀的人容易將這種關懷詮釋為暗示他們無能，從而引發他們對自己的負面看法，甚至引起更多的怨恨與防備。研究人員發現，「儘管他們渴望獲得支持，但強烈焦慮型依戀的人接受支持時，往往不會感激或冷靜下來。」

如果要與焦慮型依戀的朋友往來，最好的方法就只有始終如一地花時間陪伴他，為他付出。不過哈利教授警告，強烈焦慮型依戀的人對於親密保證的需求往往「極為強烈，而且基本上無法獲得滿足。」此外，某些焦慮型依戀的人「非常渴望維持一段關係，但隨著時間過去，他們會對這種依賴產生厭惡，因而變得疏離導致關係破裂。」忽視這種現象可能是一個方法，因為在許多情況下，這種情感決裂只是暫時的。

隔天下午，珍傳簡訊給我：「我現在要去喬治城的尼克河畔燒烤餐廳和露西見面。」

珍與前來拜訪的其他朋友要一起走到餐廳去見露西，他們也會帶隊長一起去，並歡迎我同行。

我們散步前往華盛頓港，穿過市中心，經過一處正在興建的建築工地時，有那麼一刻，珍短暫地失去了平衡；她告訴我，響亮的噪音會引發突如其來的壓力。

我們到了華盛頓港，看到了餐廳，但沒見到露西。珍不能帶著隊長進餐廳，所以她傳了簡訊給露西，讓她知道我們在外面。

等待時，珍伸手拉下運動鞋的後跟，她懷疑腳跟長了水泡。

接著，我看到一位年輕女子走出尼克河畔燒烤餐廳。她的年齡及身高和珍差不多，我甚至隔著一段距離就能認出她是珍客廳相片中將紅色長髮綁成髮髻的那個人。

我問珍：「那不是露西嗎？」

珍大喊：「噢，天啊！」她沒重新穿上鞋子，而是步履蹣跚地衝向餐廳。

我牽著隊長，看著珍擁抱她最好的朋友。接著珍稍微拉開兩人的距離，向露西微笑，然後再度擁抱她。

她們手挽著手走向我們。珍把我介紹給露西，然後露西彎腰幫忙珍重新穿好鞋子，綁好鞋帶。露西這麼做的時候，珍還是不停地說話，讓露西知道從上次兩人聊天之後發生的一切事情。這讓我想起放學的孩子總是有許多話想要告訴媽媽，就算一邊放下背包也不會停止說話。

露西對珍說：「我真希望妳沒有帶狗來，這樣妳就能進餐廳。」

珍回答：「我愛妳。」

露西說：「我也愛妳。」

她們再度擁抱，珍的頭靠在露西的肩膀上，然後珍轉了過去，與露西背靠著背，兩人的手臂連在一起。這些動作似乎並未讓露西感到驚訝，我想像那可能是她們年輕時好玩而養成的習慣。

我問她們：「嘿，所以誰是時髦女孩，誰是優雅女孩？」

露西說：「我絕對是優雅女孩。」

珍問露西：「所以我什麼時候跟妳碰面？」這代表她們不僅是在餐廳外面短暫聊天而已。露西答應當天晚上加入珍與她朋友的聚會。這段期間，珍的朋友會幫忙看著隊長，這樣珍就能和露西一起進餐廳。

我便在這時與她們分開。露西扶著珍的手臂，她們倆一起走進餐廳。

珍與露西的親密友誼滿足了重要的依戀需求，亦即安全避風港與親密關係，尤其是在珍必須面對生活一連串挑戰的時候。當我們思索自己的親密友誼時，你也許可以問：我的朋友是否有一些只有我才可以滿足的依戀需求？

9 當年紀漸長：依戀與老化

星期日早晨七點，電話響了。

「皮特，我是朵拉。」朵拉是幫忙照顧我父親的看護。「請立刻過來，我要打電話給九一一。」

我在幾分鐘內就穿好衣服出門。我以為我們要去醫院。

我來到父親的公寓時，朵拉走向我，搖了搖頭。

「他走了。」她告訴我，她早上過來時，在臥室地板上發現了他。

我走進臥室。

親眼看到父親死亡令我震驚，即使他已經九十六歲了。當我第一次意識到父母總有一天會先離你而去，從那天起一直在擔心的事終於發生了，現在，我知道了故事的結局。

父親穿著米色睡衣，左側躺在地毯上，面對著一張特大號的床。自從我媽去世後，這六年他都獨自睡在這張床上。他的額頭有一道傷口，我猜是他深夜起床上廁所，心臟病發作，倒在上層是玻璃的床頭櫃上。或者像驗屍官猜想的那樣，他可能睡覺時心臟病發作，醒來感覺不舒服，試圖站起來，然後跌倒。

我沒想過父親會在我寫這本書的期間去世，但事情就這樣發生了。現在回想起來，他去世之前那段日子展示了依戀模式對人們年齡增長所產生的各種影響。因為衰老及隨之而來的疾病威脅著我們的身心健康，甚至威脅我們的存在，進而啟動了依戀系統。

與許多其他情況一樣，安全型依戀的人通常能更恰當地處理這些威脅與壓力。若說要從中學到什麼教訓，就是身為父母的我們在照顧新生兒時，應該記住我們也在照顧他或她最終會變成的那個老年人。

退休後的生活轉變

一九八五年的某個夏日，我爸賣掉他的印刷公司，當時他六十九歲。二十世紀初，經濟大蕭條時期，二十多歲的父親和他哥哥創辦了大湖印刷廠。當他賣掉公司時，工廠已經僱用了四百多名員工，面積橫跨好幾個街區。那是筆好交易，買方用現金支付了所有款項，但這也代表我爸立刻進入退休生活，我很好奇他是怎麼應付這樣突如其來的改變。

人們的依戀模式會影響其如何應付生活的重大轉變，特別是涉及身分與自我定義的轉變。最近一份針對退休、失業或進入空巢期的老年人所做的研究，結果顯示屬於安全型依戀的老年人會「付出更多努力去應付生活的轉變，」而且「幸福感下降程度較低。」此結果與其他研究結果一致，顯示安全依戀可以增加人們面對未來的自信、樂觀和信心。

有趣的是，研究人員發現，不安全型依戀的老年人口比例會隨著年齡增長而變化。例如焦慮型依戀者的比例似乎隨著年齡增長而減少，可能是因為經歷了長期且穩定的婚姻、擁有了養育子女的經驗，或是其他有益健康的長期關係，讓某些成年人變得越來越有安全感。

逃避型依戀者的比例則隨著年齡增長而增加。研究人員推測，朋友與心愛的人死亡可能會導致一些老年人漸漸失去對人際關係的包容，甚至失去與人接觸的渴望。若真的如此，這可能解釋了我們對壞脾氣老人的刻板印象。舉例來說，在美國影集《歡樂單身派對》中，傑瑞透過「領養祖父母計畫」與壞脾氣老人席德組成一對，他拜訪席德的公寓，並熱情地說：「我來這裡陪您一會兒，想喝杯咖啡嗎？」席德卻大吼：「跟你一起喝？我寧可死掉。現在滾出我的房子！」然而史丹佛大學心理學家蘿拉．卡斯騰森

（Laura L. Carstensen）提出截然不同的解釋，她提出了「社會情緒選擇理論」，指出人們會隨著年紀漸長而放棄膚淺關係，專注於經營重要關係，因此與他人的互動可能會變得比較不頻繁，但情感生活則變得更豐富精采。

我無法確定我爸的依戀模式，但他人生中有許多線索顯示他符合安全型依戀。他與我母親維持了六十六年的穩定婚姻；他和兩個哥哥一起做生意，而且還能維持穩固的關係；他有許多童年時期結交的老朋友，他小時候似乎適應能力很強，而且態度樂觀。他曾回憶四歲時剛開始上幼稚園的情景，他記得他很喜歡去幼稚園，開開心心和老師一起度過一整天，其他孩子則是哭了又哭。

父親為人沉著穩重，我認為即使遇上工作挑戰或家庭問題，他也不會失眠。事實上，**隨著我們日漸衰老，「睡眠品質」成為依戀模式的一種指標**。二〇〇九年的一項研究指出，擁有安全型依戀的老年人比較容易入睡；相比之下，焦慮型依戀的老年人或許是因為惦記著生活中的各種「挑戰」，以致較難入睡，白天打盹次數較多，晚上較依賴安眠藥。

父親相信自己的能力，一生隨遇而安，這是安全型依戀的另一項有力特徵。母親的葬禮結束後，我問他要以後自己一個人生活怎麼辦。他說：「我有什麼選擇呢？我拿到這樣的牌，就得好好打。」

如果他真是屬於安全型依戀模式，那就更清楚解釋了他是如何成功轉換退休身分。他和兩個哥哥拿了賣公司的錢，一起在郊區的產業園區租了一間辦公室，把那裡當成某種俱樂部。這三個出身貧苦、同睡一張床長大的兄弟就這樣互相陪伴，每天聊聊政治和財經新聞，與朋友一起共進午餐。

健康與幸福感

我爸退休二十年後的某個早晨，我偶然發現他參加有氧健身課，每星期乖乖報到三天。當時我到社區中心辦事，有人沒關上健身教室的門。我想不起來上次見到爸爸穿短褲與T恤是什麼時候。他的左膝綁著彈性繃帶——從他年輕時，他的左膝就一直是個麻煩，二次大戰爆發時，軍方還因此拒絕他入伍。然而現在他在健身教室裡，與其他十幾位老人一起伸出手臂轉圈，隨著迪斯可音樂的節奏與年輕女教練的響亮口號抬高腳。

父親相當自律，按時做運動，注意飲食，認真照顧自己的健康，這樣的行為也受到依戀模式的影響。研究指出，安全型依戀的人更善於所謂的「自我調整」，亦即維持健康必不可少的紀律：持續鍛鍊身體，遵守良好的飲食習慣，定期就醫與服用處方藥，避免吸菸、飲酒、吸毒等。

另一方面，不安全型依戀的特徵可能會妨礙這些行為，像是有研究指出，逃避型依戀的老年人可能會逃避定期就醫或回診，焦慮型依戀的老年人雖然聲稱打算減重，卻不會採取必要的行動。

維持老年健康的另一項要素是維持熟絡的社交網絡，這麼做甚至可以延年益壽。一項針對澳洲老年人的十年研究指出，能培養並持續維持友情、和朋友互相扶持的人，平均比沒有這種朋友的人來得長壽。此外，安全型依戀的人比較外向，比較能接受他人，往往更容易認識新的朋友。

以我父親來說，他從前在印刷廠負責業務工作，並將自己的成功歸因於他與客戶建立的關係。他將客戶都視為朋友，也真誠對待朋友。他最喜愛的一句格言是：「想擁有朋友，得先成為別人的朋友。」退休後，他仍維持良好的人際社交，邀請前客戶與前員工一起打高爾夫球或共進午餐，時常探望生病的朋友，參加他們的葬禮及其家人的葬禮。當他的身體越來越差，他開始接朋友的電話，讓他們登門拜訪。

根據研究，逃避型依戀的老年人較少有社交活動，也較少付出努力以尋求情感支持，[illegible]，他們的親密關係品質較差。焦慮型依戀的老年人情緒較不穩定，罹患憂鬱症的比例較高，這兩種特質都讓維持親近互助的人際關係增加了難度。

◎

如果我們關心的老年人並非安全型依戀，有辦法協助他們建立並維護社交網絡嗎？

如果是逃避型依戀的老年人，例如《歡樂單身派對》的席德，我們可以協助他們開始和以前的朋友或同事一起玩簡單的網路遊戲，這麼做可以保持聯繫同時保有距離，還帶了點競爭意識。如果是焦慮型依戀的老年人，我們可以透過社區中心或公寓大樓的管理系統尋找玩家，舉行一週一次的紙牌遊戲，這種活動可以提供近距離的面對面接觸，透過重複的訪問給予安全感。

這只是我初步的想法，而這些想法可以有一百種變化，只需要一點持續的努力與創意，將有助於透過依戀模式的角度深刻了解一個人。

疾病

父親變得越來越虛弱，經常在健身教室、餐廳或家中摔倒，他的手臂與臉上常有傷口和瘀青。有一天晚上，他覺得頭昏眼花，我與姊姊帶他去醫院。磁振造影結果顯示他有內出血，並因為結腸腫瘤而貧血。醫院很快就發現那是癌症。

醫生說父親只剩下幾個月，建議安寧療護。我們諮詢了另一位年輕的結直腸外科醫生，他建議父親可以接受手術。雖然他不曾為年紀這麼大的病患動手術（當時父親九十五歲），但考慮到父親的體力，他認為有機會成功。然而鑒於年紀，他也可能無法活下來，或者活下來但精神狀態受損。

我們向爸爸說明了這兩種選擇，他毫不猶豫地選擇動手術，並相信手術會成功。

疾病就像傷害與痛苦一樣，威脅我們的身心健康，因此啟動了依戀系統。換句話說，**我們對疾病的反應也會受到依戀模式的影響**。

逃避型依戀的人生病時，起初可能會拒絕醫療，否認生病或淡化病情，或試圖自行面對。然而從積極的角度來看，他們也可能會抗拒過度測試，避免過度治療那些幾乎零風險的疾病。焦慮型依戀的人則有可能小題大作，也就是說，他們會假設自己的病情糟到不能再糟，一心想著最壞的結果。但他們也比較可能積極尋求治療，在尚可治療的早期階段發現癌症等疾病。

南非普利托利亞某間醫院的急診室，做了一項關於依戀模式的有趣研究，旨在評估

「病患的依戀模式」與「醫師認為病患是否難相處」之間的關係。這項研究讓一百六十五位年齡介於十五至九十三歲的病患在接受治療前，先接受成人依戀測驗以評估其依戀模式。（儘管我喜歡這項研究，但如果我進了急診室，我不確定自己是否願意花時間接受依戀測驗。）治療結束後，二十六名急診醫師被要求評比病患「難以相處的人格特質」。結果顯示，醫師認為難相處的安全型依戀病患僅有百分之二，焦慮型依戀病患有百分之十七，逃避型依戀病患則有百分之十九。研究人員指出，逃避型依戀病患的溝通方式是「淡化痛苦，」可能會妨礙病患傳達關於自身疾病的重要或正確資訊，強烈焦慮型依戀病患則可能會「無法安心，認為自己需要過多的接觸與注意。」

我不記得父親曾經「小題大作」，即使面對癌症也一樣。我陪他去看了很多醫生，也不記得他有任何會被視為難相處的行為。

事實上，父親接受癌症手術的前一天晚上，預定執行手術的醫生到病房探望他，解釋手術過程，然後請他簽署同意書。他的簽名看起來一如既往地強而有力，完全不像一般老年人寫字會抖。

接著那位外科醫生詢問父親是否有任何問題。

逃避型依戀的病患可能會面無表情地保持沉默，或者質疑是否真的需要醫療；焦慮型依戀的病患則可能不停強調他的恐懼，給醫生造成壓力。父親選擇利用開刀前的最後時刻，為這位四十多歲的醫生打氣。他是想讓醫生跟他一樣樂觀，並且相信事在人為。

我爸一邊將同意書交回給醫生，一邊說：「聽我說，我希望你明天盡力而為，懂嗎？我希望你盡最大的努力。」

醫生說：「這是當然。」

「不是『夠好』而已，我希望你盡最大的努力，最棒的那種。」他穿著病人服，躺在醫院的床上，拍了拍手來強調。

醫生再度笑著說：「這是當然。」

「你可以為我做到嗎？最棒的那種？我不希望你沒拿出最棒的表現！」

醫生再三保證：「你會得到我最好的表現。」

第二天早上，醫護人員過來帶父親到開刀房時，我俯身親吻他的臉頰。那時他已經在醫院住了好幾天，沒刮鬍子。我感覺到他的鬍渣，沉浸在記憶中那種觸覺親近的快樂——我很小的時候，爸爸將我扛在肩上，帶我上樓睡覺，我會貼著他的臉頰。我不知道是否能再次見到他，我也希望外科醫師拿出最棒的表現。

接受照顧與角色倒轉

社區警衛大聲說：「羅文海姆先生，歡迎回來！」他拉開公寓大樓的前門，讓我姊把坐在輪椅上的父親推進去。

手術後六週（在醫院與復健中心各待了三星期），父親的恢復情況良好，但我們不知道他可以活多久。醫生沒讓他接受後續的癌症治療，而他仍患有心臟病；手術前的檢驗結果顯示，他的主動脈瘤隨時可能「爆裂」。他的心臟科醫生警告：「他可能會很快死亡，這個死法其實並不算太糟。」

我們把他推進公寓時，我問：「爸爸，回家感覺怎麼樣？」

他說：「感覺像在天堂，你不懂。」

我問：「你有懷疑過自己還會不會回到這裡嗎？」

他咳嗽著說：「沒有，我從沒有這種想法。我唯一想知道的是什麼時候可以回來。」

他又咳了一會兒，然後打了個哈欠。

「今天早上五點半我就起床了，吃了一大堆藥。他們給病人吃太多藥了。」

我爸一天通常吃十五顆藥，很難想像復健中心讓他多吃了多少藥。

到了傍晚，他準備就寢。我們僱了一位看護打點一切，讓他上床睡覺。我親吻了他，向他道晚安，再次感受他粗糙的臉頰，深深感恩他撐到回家了。

∞

對老年人來說，無論是依賴家人或看護，都是一種挑戰。心理學家卡蘿・瑪凱（Carol Magai）及其同事寫道：「過了數十年成功自主的生活，到了晚年只能逐漸依賴別人，這個結局似乎有點殘酷。」

一般來說，安全型依戀的老年人較容易接受自己需要被照顧的事實，並在別人提供服務時接受他們的服務，相信照顧者的善意與能力。逃避型依戀的老年人可能會否認自己很痛苦，堅稱他們可以照顧自己，不太可能願意接受照顧。照顧我父親的其中一位看護，先前曾照顧過一位非常獨立的老人家。「他說：『我可以自己做！』他因為需要別人幫忙而感到沮喪，並對我們大吼：『別管我！我可以自己做！』有些看護會認為那是針對自己，因此而感到沮喪。」焦慮型依戀的老年人會承認自己需要協助，但也可能因為表現得太黏人而適得其反。他們或許「太渴望受到照顧，讓照顧者因其強烈的情緒、索求、固執而反感，」因而與他們拉開距離，造成更深的不安全感。

我爸從復健中心回家後，幾乎每天都有看護在家幫忙，他似乎既不否認感到痛苦，也不表現得黏人，而是有禮貌地接受協助。就這一點來說，安全型依戀似乎再次幫了他一個忙。不過父親的情況也涉及另一個和依戀有關的問題，因為協助照顧他的人不僅只有看護，還有我與我的哥哥姊姊。

父親從復健中心回來之前，我與哥哥姊姊每天都去看他，陪他一起複診，協助購買食物和支付帳單等。簡而言之，我們每個人都成了他的照顧者。就這一點來說，我們與他共同經歷了角色倒轉，亦即中年子女成為父母的照顧者。

研究顯示，成年子女如何應付這項責任以及父母如何接受照顧，同時受到父母與子女的依戀模式影響。研究人員並指出：「孩子與父母之間情感連結的品質……可能影響年邁父母從子女身上得到的照顧。」

擁有安全型依戀的成年子女通常會承擔照顧年邁父母的責任，並以同理心及積極謹慎的態度來處理這個任務。不過有接近五成的成年人，在童年時期因父母或其他因素而形成不安全型依戀，當這些父母需要照顧時，這些子女怎麼辦？

逃避型依戀的成年子女可能對父母的痛苦比較不敏感，焦慮型依戀的成年子女可能不確定自己是否有能力提供照顧，因此逃避責任。然而研究人員指出，如果焦慮型依戀的成年人在生活中經歷壓力（例如養育孩子、工作難題、離婚）時，依賴父母做為情感支持的依戀對象，將會產生強而有力的動機來保護父母親的身心健康，提供父母需要的照顧。

如果成年子女與年邁父母之間的關係仍存在未解決的衝突，親子角色倒轉可提供治癒傷口的最後機會。這就是爸爸和我之間的情況。

我前面寫過小時候與父親的矛盾關係（參見第一、第二章），提到他是我的主要依戀對象（照顧者與養育者），但他有時很嚴厲，甚至可怕，這種緊繃關係在我們父子之間造成的問題從未消失。不過最近幾個月，我幫忙照顧他，我們有很多時間待在一起，有時聊天，有時閱讀，有時就只是靜靜坐著。我們之間的問題並未神奇地被抹去，但我們能放下心防，就只是待在一起。有一天晚上，我夢見自己與父親坐在一起，我對他說：「我真的很喜歡我們在一起的時光。」

我們不習慣這樣直接的情感表達，不習慣對彼此說這些話。我很好奇自己是否有辦法對他說出這些話，所以隔天在他的公寓裡，我坐在他對面，看著他的眼睛說：「爸爸，我真的很喜歡我們這樣待在一起，陪伴彼此。」他用比平常溫和的語調，看著我說：「我也喜歡。」

死亡焦慮

人們面對死亡的方法（有時稱作「死亡焦慮」）會根據依戀模式而有所不同。焦慮型依戀的人往往會將死亡視為被遺棄或被遺忘，因而產生更大的恐懼。逃避型依戀的人往往會壓抑對死亡的擔憂，然而在潛意識中仍會無法控制地害怕死亡。

另一方面，安全型依戀的人面對死亡時，似乎與他們面對生命中其他事情的方法一樣，接受它，盡力而為。研究人員馬利歐・米庫林瑟和菲利普・沙弗認為：「就算面對大限，安全型依戀的人依舊保有他們的安全感。他們會貫徹主要的依戀模式（尋求與他人親近），加強社交聯繫，象徵性地將死亡威脅轉變為貢獻他人與個人成長的機會。」

簡而言之，面對不可避免的死亡，安全型依戀的人會為人際關係付出更多努力。這就是我看到父親所做的事情。他一生中已經失去許多人，在人生最後幾個月，他與他唯一認識的新面孔，也就是和他的看護建立了新關係。他願意花時間了解他們的家庭，把書房的藏書借給他們，然後一起討論他們看過的書；他為一位想創業的看護提供建議，並且給另一名看護的兒子安排工作。

雖然我認為父親屬於安全型依戀，但有一種常見於老年人的依戀模式，同樣深深影響他。隨著年齡增長，人們逐漸失去依戀的對象，包括父母、配偶、兄弟姊妹、摯友，老年人的共同反應是將已故摯愛內化為「象徵性的」依戀對象。米庫林瑟與沙弗指出：「所有年齡層的人都可能依賴象徵性的依戀對象，尤其是老年人。」舉例來說，失去配偶的已婚成年人經常會覺得對方好像還在，沒有離開，並在心中詢問對方關於生活中的重要決定。對有宗教信仰的人來說，另一種選擇是內化與上帝、耶穌或其他神靈的依戀關係，祂們可能被視為完美的安全避風港與安全堡壘（參見第十三章）。透過這種方式，內化的依戀對象成為支持老年人社交生活的重要部分。事實上，許多老年人「擁有象徵或內化的依戀對象，比例相對高於擁有真實的依戀對象（亦即活生生的人）。」

就這點來說，我父親也不例外。他活到九十多歲，失去了妻子、兩個哥哥，還有許多老朋友。他告訴我：「隊伍成員變少了，大多數我認識的人都死了。」

他也曾說過：「我常常想起我的母親。」

他還經常會把我姊姊叫成「孩子的媽」，他在我們面前總是這樣稱呼我們的媽媽。

但就「死亡焦慮」來說，我爸看起來似乎很平靜。

他經常安靜坐著。有一次，我問他在想什麼。

他說想著過去的事。「當未來不存在，你就只能活在過去。過去的事大部分我都無能為力，我無法改變，因為它們已經過去了。」

他想到過去的哪些事？

「所有的事。我想起小時候唸書的日子，想起做生意那段日子，想起我哥哥，我們兄弟總是團結一致，相互照顧。我沒有遺憾，我沒有任何敵人，我不怨恨任何人，我的內心感到平靜。」

他覺得感激嗎？

「是的，這個說法很好。」

我爸爸甚至清楚知道自己想要怎麼樣死去。他去世後，一位看護告訴我：「我曾問過你爸：『你希望有人在這過夜，以免你跌倒或不舒服嗎？』但他拒絕了，他想獨自過夜，希望能在晚上一個人死去。現在他如願了。」

第三部

社會中的依戀

10 獲得工作：依戀與職場

「快樂冰棒」位於華盛頓特區西北高級住宅區的街角，不時會看到年老的客人光顧，例如參議員或聯邦最高法院大法官，而常客大多是年輕的專業人士。

三月一個陽光明媚的早晨，六個客人站在櫃台前等著點咖啡，其中一些人還帶著公事包及瑜伽墊。

那天早上七點，擔任咖啡師的兩名年輕人到店開門。他們拿下前一晚倒放在桌子上的椅子，打開裝了五磅哥倫比亞咖啡的袋子，迎接送來咖啡杯蓋、紙巾、牛奶、雞蛋和迷你長棍麵包的供應商。他們把義大利製的濃縮咖啡機開機，在人行道上放一碗水給顧客的狗，然後打開電子信用卡讀卡機。上午七點三十分整，陽光從東邊的窗戶流瀉而入，他們開始播放音樂，並將前門的木牌翻成「營業中」。

依戀理論在職場運作的方式簡單易懂，因為工作是人際關係的活動，根據工作類型的不同，包括與同事的關係、與主管的關係，以及與客戶的關係。鑑於依戀模式影響我們在人際關係中的行為模式，研究顯示，工作的許多面向都會受到不同個體依戀模式差異所影響。我們與職場上其他人的相處方式，對工作的滿意程度，處理工作壓力的方法，在該工作崗位的去留——事實上，我們從一開始選擇職涯發展的路徑，全都反映了我們的依戀模式。此外，不論職場規模大小，依戀模式的影響都是一樣的。

我在快樂冰棒觀察依戀理論如何應用於工作，這裡似乎是個理想地點，這間店的員工與同事、管理者、顧客的關係都很親近。此外，創辦人兼老闆羅傑·霍羅威茲與布萊恩·希柯拉慷慨地同意讓我進入店內，接近他們和員工。

我花了很多時間待在快樂冰棒，發現這間店幾乎完美地證明了最近才被提出的商業成功祕訣。那些不安全型依戀的員工不僅能為工作團隊貢獻獨特技能，若是能在合適的環境下與安全型依戀的員工合作，更能獲得優秀的成果。

職業選擇

廚房後面是一間小辦公室，裡面放了幾把塑膠椅子與一張緊靠著牆的桌子。快樂冰棒的老闆坐在椅子上，兩人都看起來不太舒服，不只是因為椅子對一百八十五公分的羅傑和一百九十五公分的布萊恩來說太矮了，兩人似乎精力過度旺盛，無法乖乖坐著不動。他們都穿著運動夾克與運動鞋，讓他們的外表更顯稚氣。

他們就讀北卡羅萊納大學時參加划船隊，因此成為朋友。畢業後，兩人來到華盛頓特區。某一天，布萊恩寄了電子郵件給羅傑，寫道：「我家附近有幾間空店面，我們可以賣東西。」

羅傑在紐約市郊的威斯特徹斯特郡長大，小時候看到許多由墨西哥人經營的小攤賣冰棒、墨西哥薄餅和小吃。羅傑告訴我：「那些攤子大多由老奶奶經營，而不是年輕白人。華盛頓特區沒有人經營這種攤子。」

羅傑與布萊恩都沒有烹飪經驗，但他們的想法是使用當地新鮮食材，吸引有健康意識的年輕市場。他們最初推著手推車，在當地農產市場販賣手工冰棒。他們在當地社區為剛剛起步的事業起名為「快樂冰棒」，後來毅然決定租下一間店。羅傑說：「我們用我存下來讀研究所的錢，加上我們在群眾募資平台募得的資金，再加上以我和布萊恩的名義貸款的二十五萬美元。」

這些都只是幾年前的事而已，現在快樂冰棒提供的餐點包括高檔咖啡、沙拉、三明治等。他們每年的收入為一百萬美元，僱了十幾名員工，最近租了距離白宮一個街區的地點開分店。在那個三月早晨，快樂冰棒聰明地利用全美大學的「三月狂熱[1]」讓業績起飛，舉辦「冰棒狂熱」大賽：櫃台上有兩個箱子，顧客可將用過的冰棒棍投入箱子，票選出他們最喜歡的純天然口味冰棒，草莓薑汁檸檬口味顯然最受歡迎。

我坐在他們的臨時辦公室，好奇是什麼讓羅傑與布萊恩這兩位年輕人搬到陌生的城市，看見這個市場機會，願意冒著時間與金錢的風險，投身毫無相關經歷的職業？是什麼讓他們願意承擔風險並致力付出？

結果發現，其中一個因素是依戀模式。

約翰．鮑比指出，安全型依戀讓孩子勇於探索，而成年人的工作可被理解為一種探索，兩者有相似的「功能」。

1 譯註：「三月狂熱」（March Madness）指的是全美國大學籃球聯賽（NCAA）男子甲組籃球錦標賽。

我與布萊恩聊天時，他告訴我：「我很容易厭倦，但又想追求自己的興趣，即使我還不清楚長期目標是什麼。我們不知道快樂冰棒會將我們帶向何方，但我們認為不妨看看它可以發展到什麼地步。」令我驚訝的是，他這番話與鮑比的「工作是成人的一種探索」意義極為相似。

研究人員注意到依戀模式和職涯的探索與發展密切相關。一項長期研究在受試者一歲時評估其依戀模式，等他們到了十八歲再讓他們接受職涯規劃訪談，發現兩者之間的關係「具有明確的統計意義。」另一項研究中，越偏向安全型依戀的青少年，就業時會選擇更實際且符合自身能力的職業。

相比之下，在選擇職業時感到困惑或優柔寡斷，或是未充分了解就倉促決定，這些都與不安全型依戀有關。

羅傑與布萊恩如此大膽創立了「快樂冰棒」，兩人的依戀模式是否為安全型依戀？他們接受我的邀請，分別填寫了網路版的親密關係體驗量表（參見附錄），並將最後的分數告訴我。他們的逃避型與焦慮型依戀分數都極低，兩人都屬於安全型依戀。

安全型依戀的管理者

上午十點，快樂冰棒的總經理漢娜·史密斯與羅傑及布萊恩開例行週會，檢視營運狀況。二十五歲的漢娜以完美坐姿坐在羅傑與布萊恩對面的辦公椅上。

他們檢視了例行問題：一名員工要離職，一位廚房工作人員生病請假，新店施工延誤，一位客戶抱怨買不到有機瓶裝牛奶。

漢娜表示，牛奶缺貨是因為負責的員工沒有訂足夠的貨，她說：「我覺得他只是算錯了，我今天晚一點會和他碰面。」

就在這時，一名員工從廚房衝了進來喊道：「衛生稽查員來了！」

一小時後，羅傑回到後方的辦公室。檢查沒問題，但稽查員發現前面的冰箱不夠冷，他們必須請人來修理冰箱。

現在還不到中午，羅傑與布萊恩已承受多重壓力：一名員工提出辭呈，另一名請病假，第三位員工沒訂購足夠的產品；新店施工延誤，一次衛生稽查突擊，還有一台昂貴的重要設備需要即時維修。

儘管如此，羅傑或布萊恩都未表現出恐慌或抱怨。他們在稽查期間完成了移動箱子的繁重工作，盡力配合稽查員。總而言之，他們在員工面前展現自己是充滿自信且能幹的管理者。根據依戀研究人員使用的說法，他們扮演了「更強大睿智」的領導者角色，這種管理技巧通常反映出管理者安全型依戀的特質，能激發員工的「勇氣與奉獻」。

如果羅傑與布萊恩屬於不安全型依戀，那會是什麼樣子？研究人員指出，不安全型依戀的管理者可能在面臨壓力時貶低他人，尤其是焦慮型依戀的管理者，導致「憤怒、混亂、不誠實、絕望」。如果兩人屬於不安全型依戀，他們可能會因突擊稽查而驚慌失措，質疑稽查員的權限或動機，或者試圖將責任推卸給廚房工作人員，而不是平靜又迅速地將事情處理好；羅傑可能已經打電話給冰箱製造商抱怨故障的事，而不是快速安排維修時間；或者在他們得知一名員工訂貨出了問題時，可能不會像總經理漢娜（她也在依戀測驗中同樣被評為安全型依戀）一樣認為那只是計算錯誤，而是將該名員工歸類為偷懶的人並予以處罰。我們不是都聽過這種老闆嗎？

然而他們沒有這麼做，而是平靜地處理問題。這正是我們預期安全型依戀的管理者面對工作壓力時會有的反應。

員工的依戀模式

我在快樂冰棒觀察了一個月，認識了許多工作人員，包括在這裡待了好幾年的三位全職員工。他們都曾在職涯規劃的路上遇到困難，並且在經濟或情感遭遇重大缺口的時候來到快樂冰棒工作。

其中一人告訴我：「我很容易焦慮。」他丟了一家國防承包商的工作之後，來到快樂冰棒成為咖啡師。「我大多數日子都過得很開心，但我的情緒非常脆弱。有些日子，我只想獨自待在房間裡，寫一些糟糕的詩。」另一個人經歷了一次慘痛的分手後來到快樂冰棒，她告訴我：「我身心交瘁，決定來到華盛頓特區重新開始。」現在她負責行銷公關的工作。第三個人是這間小公司的「資深政治家」，三十三歲，有法律學位，但發現自己對執業沒興趣，教學也不順利，他告訴我：「我必須做點什麼，否則我會崩潰。」他偶然認識了羅傑，對方僱用他在農產市場賣冰棒，後來他成為咖啡師。

我並未要求他們參加依戀測驗，但根據他們一直努力解決的職涯問題，我感覺他們三人可能都像我一樣，偏向不安全型依戀模式。我意識到這不僅為企業帶來挑戰，更有趣的是它也帶來了機會。

根據研究，安全型依戀的員工在職場的表現通常比較出色，態度較積極，工作滿意度較高，比較不容易爆發敵意，並且比較不容易有身心失調症或實際的生理疾病。

相較之下，不安全型依戀的員工往往比較不敬業，不滿工作的比例較高，並容易產生與工作相關的痛苦與倦怠。

那些焦慮型依戀的人不僅將工作視為獲得社會認可的額外機會，也可能將之視為不贊同與拒絕的潛在根源。他們容易覺得自己不受賞識或遭到誤解，害怕被拒絕而感到焦慮，因此可能表現得「依賴、需要關懷、擔憂，並且經常尋求其他成員的認可」，為工作團隊帶來社交上的壓力與挑戰。總之，焦慮型依戀者可能會在工作時擔心自己的表現，因此無法達成工作的要求。

另一方面，逃避型依戀的員工可能利用工作來「逃避參與社會」，比較容易對工作產生不滿，更關注工作的時間，比較少幫助同事，不太積極與同事往來，甚至徹底避開，導致團隊內部衝突。

員工留任是另一個受依戀模式影響的重要問題，員工流動率低的公司通常表現優於那些流動率高的公司，尤其是剛成立的公司。研究顯示，不安全型依戀的員工對工作產生不滿時較容易辭職。二〇一三年，一份針對各公共組織一百二十五名員工進行的調查發現，依戀模式與自願離職的意圖存在直接關聯：焦慮型依戀的員工可能會以「不正常的互動模式」對待同事，然後考慮辭職；逃避型依戀的員工可能會「保持疏遠」，但隨後又因為對同事感到「失望不滿」而考慮離職。

所以企業做出聘用決定時，能否以某種方式篩選出安全型依戀的員工？然而實施「成人依戀訪談」對一般中小企業來說成本過高，或許管理者可以讓求職人接受親密關係體驗量表的測驗。我就曾請快樂冰棒的管理者上網填寫問卷。

雖然只僱用安全型依戀的員工看起來對企業有利，但新研究顯示，這麼做是個錯誤，因為**不安全型依戀的員工可以將個人獨有的優點帶進工作團隊**。

哨兵與快速反應者

以色列研究人員沙馳．艾因鐸解釋，極度焦慮型依戀的人對於威脅特別敏感，在團體中可以發揮預警系統的功能，他稱之為「哨兵」行為。在一項巧妙的實驗中，艾因鐸及其同事讓受試者暴露在看似充滿威脅的環境中，例如因電腦故障而逐漸充滿煙霧的房間，結果是由焦慮型依戀程度最高的人率先發現事情不對勁。

此外，艾因鐸在另一項配套實驗中發現，焦慮型依戀的「哨兵」最勤於發出警告訊息。他讓受試者以為自己意外啟動了會刪除電腦資料的病毒，並且在前往通知技術人員的途中提出四次機會點，讓他們選擇延後警告或繼續前往技術人員的辦公室。結果證明焦慮型依戀程度越高的人，越不希望在傳遞訊息的途中受到延誤。此外，艾因鐸透過實驗發現焦慮型依戀者是最成功的撲克牌玩家，因為他們最善於察覺欺騙，不容易落入其他玩家虛張聲勢的陷阱。

這些新研究顯示，焦慮型依戀的員工能夠為團隊提供實質貢獻，而他們的做法是對問題與威脅保持警覺，並確實警告整個團體。

逃避型依戀的員工也能發揮重要專長。在電腦冒煙的實驗中，逃避型依戀者最先找到安全路徑離開房間。他們擅於照顧自己，在危險時刻最有可能迅速有效地採取行動，找到最佳逃生路線，艾因鐸稱之為「快速反應」行為。換句話說，當時間緊迫，需要專注、果斷並快速採取行動時，逃避型依戀的員工可能是最佳人選。

由此可見，焦慮型依戀者（哨兵）與逃避型依戀者（快速反應者）都可能在團隊中發揮有用的特質。不過「可能」這個詞是關鍵。研究也顯示，不安全型依戀的員工唯有待在團結（彼此信任、接納、互相勉勵）的團隊，方能展現其獨特的能力。

套句研究人員的話來說，管理者要打造一個團結的團隊，就需要建立一個「安全島」，來回應員工對安全與保護的需求。管理者可以向焦慮型依戀的員工提出保證，讓他感覺自己被接納為團隊的一員而且受到重視；至於逃避型依戀的員工，可以為他們分配合適的職位，讓他們有最多獨立工作的時間。管理者要注意這兩者之間的衝突，並在局勢緊張或惡化前迅速協助解決衝突。

我認為這正是快樂冰棒三位安全型依戀的管理者所做的事。他們為員工創造了真正的「安全島」，我見到他們鼓勵員工面對挑戰，體諒年輕員工不穩定的生活，他們處理員工犯錯的方式會先假設對方出於善意，並且不會羞辱任何人。我在深夜的工作會議上看到了這一點，當時每個人都在協助清理店面，羅傑爬上梯子清除燈具的灰塵，布萊恩跪著打掃顧客化妝間的馬桶。

布萊恩向我解釋他的管理方法：「我和羅傑負責承擔財務風險並發揮創意。我們這麼做讓員工也有機會發揮創意，而且他們不必擔心財務壓力。我們的目標是吸引聰明的人，支持他們，讓他們成功。當我們能做到那一點，就能授權給他們。管理者若不能做到這一點，並且表現出『只有我是決策者』的態度，這就是很多小型企業倒閉的原因。」

但員工說的話才是真正的證據。在那一個月裡，我採訪了不少員工，並且搜集了他們的看法。

一位咖啡師告訴我：「（經過兩年）我仍待在快樂冰棒，是因為它的企業文化。每星期我和這些人一起度過四十個小時，如果有問題，我們就說出來。我很敏感，我很高興能獲得信任，我的想法已經從『這只是一份工作』變成『這些人是我的朋友』。我和這些人建立了交情，在工作之外的時間也是朋友。」

另一位咖啡師告訴我：「我分手後搬到這裡，快樂冰棒和這裡的人幫助我變得更有自信。我覺得自己的想法與意見有被聽見。漢娜、布萊恩和羅傑樂於接受建議，並且放手讓我們去做。」

另一位咖啡師談到羅傑與布萊恩如何創立快樂冰棒，欽佩地說：「這些傢伙年紀輕輕就做出一番成就，我真的很高興能成為其中一分子。」他也指出工作時鮮少發生不愉快。「在這個特別的團隊中，沒有人喜歡衝突。」

最佳團隊合作

研究顯示，焦慮型與逃避型依戀的員工能為團隊提供各自的專長，而希里．拉維

（Shiri Lavy）與其同事的研究進一步讓這些重要資訊更廣為使用。

以色列某所大學的研究人員找來了五十二個學生，將他們分成不同的團隊，每個團隊有三至五名成員，各代表不同的依戀模式。當工作完成後，研究人員評估成果，驚訝地發現最成功的團隊不是安全型依戀成員比例最高的團隊，而是混合依戀類型的團隊，亦即由安全型、逃避型和焦慮型依戀的員工組成。

這些研究結果首次證明了多元依戀模式對工作團隊績效的重大貢獻，並為不安全型依戀者所擁有的優點提供新觀點。研究人員指出，「雖然不安全型依戀模式可能會為個人帶來壞處，但擁有不同依戀模式的成員可能為團體帶來更大效益，」讓團隊變得豐富並改善團隊運作模式。

如同先前的研究，要得到這樣的結果，需要一個團結且互相扶持的環境，「讓員工感到安全、被接納、被信任。」

因此事業成功的關鍵可能遠不只是篩選安全型依戀的員工，而是創造一個團結的工作環境，讓不同依戀模式的員工可以在這個環境中成長，共同創造出卓越的成果。

我認為這就是快樂冰棒管理團隊所做的事。從某種程度上來說，這間店已成為員工的依戀對象，為他們提供安全避風港及安全堡壘，進而讓這間店蓬勃發展。這才是有效的安全依戀管理。

當我在採訪的那段時間，還沒有人知道，在今年年底之前，快樂冰棒的成功將獲得一些特別的讚賞。某個週末下午，在幾乎沒引起任何注意的情況下，美國總統走進了他們的店裡買冰棒。那天是「小企業星期六[2]」，當時還是總統的歐巴馬造訪了數間當地商家，他與兩個女兒莎夏及瑪麗亞來到快樂冰棒，不過他們不是去白宮附近的新分店，而是造訪本店。他們穿著牛仔褲和秋天外套，盯著櫃台上的手寫冰棒口味，猶豫片刻後，瑪麗亞點了餅乾與奶油口味，莎夏選擇了蔓越莓與蘋果口味。歐巴馬詢問哪個口味最受歡迎，一名員工說草莓薑汁檸檬口味。「選這個口味絕對不會錯。」冰棒的價格是九美元，總統付現，並將幾張鈔票塞入小費罐。

那天晚上，當班的咖啡師在櫃台後方打掃，把桌子擦乾淨，將椅子倒放在桌上。羅傑把一個垃圾桶推出前門，再推了半個街區到當地商家共用的垃圾間。這是個涼爽晴朗的夜晚，街道對面的霓虹燈廣告牌寫著「一流快速兌現」，這是通宵支票兌現服務，也是這個街區變成高級社區前留下來的最後遺跡。

晚上十點，羅傑關掉音樂與燈光，將前門的木牌翻到「已打烊」。他向員工道晚安後，啟程回家。

2 譯註：2010 年，美國運通（American Express）發起活動，將感恩節之後的週六訂為「小企業星期六」（Small Business Saturday），鼓勵人們到非連鎖商家進行消費。

11 終場哨音響起前：依戀與運動

週日晚上的比賽即將在一分鐘內開始，兩支球隊的球員都在場上熱身，從二十或三十英尺遠的地方將球投向籃框。這群年輕人令人印象深刻，他們全部未滿三十歲，擁有華盛頓特區的典型全職工作：湯米為國土安全部工作，監控外國電報以防核威脅；陶德及戴夫為軍事承包商工作；傑米爾是全州政黨副財務主管；馬歇爾負責國會競選活動。七名隊員中有四名持有安全許可證，能取得機密資料。

然而這些在球場上都沒意義，重要的是他們能跑、運球、傳球，並將球投入籃框。到目前為止，他們大多做不到。

今晚他們贏了兩場比賽，輸了三場，但其中一場勝利是因為另一支球隊沒出現。這些球員很親切，讓我與他們一起站在場邊，在比賽之間的空檔採訪他們，以檢視依戀模式對人們從事運動的影響。當我開始認識這些人並為他們加油，我發現自己也想建議他們改善比賽得分的方法。近來運動心理學家與一些高瞻遠矚的教練，開始使用依戀理論來幫助球隊，扭轉下一個賽季的輸贏成敗。

不過我不是他們的教練。這些球隊都沒有教練，我不想擅自提出建議。我只有參加過中學青年籃球校隊，而且大部分時間是板凳球員，這些運動員比以前的我更優秀。

運動員及其依戀模式

運動員在場上努力達成目標，他們必須承擔風險，必須面對競爭的壓力與緊張情緒。就像從安全堡壘向外探索的孩子，他們在面對競爭逆勢與挑戰的同時必須學會調整自己的情緒，因此運動員的表現勢必受到依戀模式影響。此外，運動也是一種人際關係的延伸，運動員與隊友、教練需要維持良好的默契，其應對方式也會受到依戀模式影響；換句話說，受到他們在幼年形成的「心智模式」影響。華盛頓大學心理學家凱莉．佛瑞斯特（Kelly A. Forrest）指出，童年早期的依戀經歷可能有助於解釋為何有些運動員較擅長處理競爭壓力，達到高水準表現。

然而對於依戀影響運動表現的全新理解，一直到最近才開始從學術研究轉移至比賽場地。英國的相關研究比其他國家來得多，帶頭的人多是年輕教練及運動心理學家。

其中一位是曼徹斯特英國體育學院的艾略特·紐威爾（Elliott Newell）。三十一歲的紐威爾擁有體育及運動心理學碩士學位，他寫道：「我利用依戀理論，研究運動員如何從人際關係與周圍環境中尋找信任與安全感。」紐威爾及同事與來自英國獨木舟隊發展小組的四十名運動員及六名教練合作，根據訪問內容和「可觀察的行為」來判定運動員的依戀模式，然後制定適合每個運動員特定依戀需求的訓練計畫。

紐威爾表示，以依戀理論為基礎的運動訓練在英國越來越受歡迎，包括冬季與夏季奧林匹克運動會，以及專業運動俱樂部，包括橄欖球、足球、英式板球等。

鍛鍊身體

裁判吹響了開場哨聲。

這是三對三籃球賽，每隊派三名球員到場上比賽。我們的中鋒喬許贏得了跳球，並將球傳給陶德。陶德帶球切進籃下得分。

從這時開始，球員的表現每況愈下。湯米在罰球線外射籃，但球完全沒碰到籃框。喬許在籃板下積極投球，但大多沒投進。馬歇爾帶球，但他運球運得很高，球被對方一名球員攔截。不到三分鐘，湯米下場，戴夫進場，投了一個三分長射，結果變成長傳，給了代替馬歇爾上場的陶德。但是陶德往另一個方向前進，讓對手拿到球並得分。

中場結束時，我們落後，比分是三十九比三十一。

我們有一個顯而易見的問題，就是某些隊員體能狀況不佳。他們很容易氣喘吁吁，運球拙劣，傳球馬虎，才比賽幾分鐘就自行下場休息。

一名球員提到本賽季的第一場比賽時表示：「我以為我會死。」當時那場比賽出現的球員不夠，所以無法頻繁換人上場。另一位球員談到隊友：「我了解他，我從沒見過他做過任何運動。他也沒在健身。」

全部隊員都有繁重的工作，常常出差旅行，所以他們有理由不鍛鍊身體。但他們缺乏健身訓練也可能與依戀模式有關。

一位研究人員曾這樣評論：「良好的健康狀況始於人生早期，但健康狀況不佳也始於人生早期。」這是因為一個人的依戀模式與維持身材及健康所需的紀律有關。安全型依戀者通常擁有積極的健康行為，包括良好的飲食習慣、牙齒護理、個人衛生、運動習慣等，這類型的人會認為自己值得獲得良好的照顧，進而肩負起照顧自己的責任，為個人健康採取行動。

然而未能保持健康不僅限於動機與自我價值的問題，對於焦慮型依戀的人來說，另一個原因可能是劇烈運動造成的身體疼痛。研究顯示，比起安全型或逃避型的人，焦慮型的人比較不耐痛，對疼痛的感覺較敏感，因此焦慮型依戀的成年人可能會厭惡運動。另一方面，逃避型的人較可能投入不需與人往來的運動，例如健身，這是他們避免人際關係的一種方式，所以我們在健身房看到的一些超健美運動員可能屬於逃避型依戀。

無論如何，隊員的依戀模式可能做為運動習慣與健康程度的指標。

冒險

那天晚上，我看到的不僅是某些球員體能很差，還看到某些球員在球場上明顯膽怯。其中一個隊員跟我說他非常渴望加入球隊，但他在比賽時控球過於謹慎，在傳球或射籃前至少兩次猶豫不決，結果球被對方抄走。他讓我想起當年籃球校隊那個年輕又躊躇的我。另一名隊友如此描述他：「他很膽小，害怕投籃，害怕讓自己難堪。」

冒險與否也和依戀模式習習相關。英國研究員山姆・卡爾（Sam Carr）解釋，安全型依戀的人往往積極追求目標，不會因害怕失敗而受到束縛，這是因為他們確信無論成功或失敗，依戀對象都會支持他們。另一方面，焦慮型依戀的人缺乏信心，覺得自己失敗時不一定能獲得依戀對象的支持，所以選擇避免冒險，藉由「自我保護」來避免失敗。

卡爾提醒，不安全型依戀的運動員可能因此「處於心理劣勢。」

哪位球員的安全型依戀能協助他大膽地衝向籃框、大膽地傳球，或者冒險投球？哪位球員的不安全型依戀和對失敗的恐懼，妨礙了他的表現呢？

團隊凝聚力

下半場漫長的二十分鐘內，陶德與戴夫都從外線投出令人印象深刻的投籃，而馬歇爾的防守很有效。不過隊員們經常傳球失誤，或者本該輕鬆得分的射籃卻沒中，對方球隊則是一再進球。

最後兩分鐘，我們遭到痛宰，比分是五十九比三十六。我想起自己在中學的籃球隊時，這種時候教練會讓我與另一個板凳球員上場，反正情況也不會再更慘了，至少我們還能上場跑幾圈。

剩下一分鐘，任何假裝的計畫或凝聚力都消失了，這些傢伙就只是站在半場附近原地投籃。

最後比分糟透了，六十四比三十八。

球賽結束後，他們拿起裝備，邁向外頭下雪的夜晚。其中一人說：「我們得解決抽筋的問題。」另一人回答：「我們抽筋很多次。」

如果我是教練，如果我要與隊員分享依戀理論的見解，那麼我會先邀請他們全部填寫親密關係體驗量表（參見附錄），評估每個人的依戀模式，只有我和他們個人會知道結果。那些資訊能協助我制定每個隊員的訓練計畫，包括如何獲得他們的信任，並解決隊上人際關係的問題。

我會與焦慮型依戀的隊員合作，看看訓練的哪個部分讓他們最不舒服，讓他們做其他鍛鍊，例如持續時間較長但比較不會造成痛苦的練習。針對球場上猶豫不決的情況，幫助隊員了解其依戀模式可能可以找出使他們猶豫不決的原因。我會清楚且再三向隊員保證，無論我們的計畫在球場上是否奏效，我都會一樣重視他們。

不論是普通球隊克服逆境，或是才華洋溢的球隊意外被打敗，運動史上多的是這樣的例子。參加二〇〇四年奧運的美國男子籃球隊經常被引以為例，這支隊伍由許多極具天賦的球員組成，體育記者稱他們為「夢幻隊伍」，然而他們在第一輪比賽就被波多黎各擊敗，大爆冷門。外界普遍將這個結果歸因於缺乏「團隊默契」。

研究顯示，影響團隊默契或凝聚力的其中一個因素，可能就是球員的依戀模式。逃避型依戀可能導致一個人與團隊保持距離，對團隊士氣的貢獻較少。另一方面，焦慮型依戀的人可能會試圖從團隊尋求安全感，但又同時懷疑自己身為團隊成員的價值。體育團隊在充滿壓力與變化的環境下，一起挺過好幾個月的比賽和訓練，關係非常緊密，因此特別容易受到個別成員依戀模式的影響。

從一開始，我這支團隊的凝聚力就受到挑戰。隊員是兩群朋友與同事，聚在一起組成一支隊伍：湯米與其中三人透過工作認識，陶德與另外兩人共租一間公寓，只有戴夫兩邊都認識。戴夫告訴我：「基本上，我們就像兩個獨立的團隊。」他們只能倉促地學習合作。湯米說：「我們一半的人在第一場比賽前五分鐘才認識彼此。」傑米爾說：「我們最大的缺點是缺乏默契。」

在兩場比賽期間，球隊的發起人馬歇爾一直試著讓每位隊員下班後，在酒吧的優惠時段聚在一起喝酒，但直到目前為止都還沒約成。他們都太忙了。所有人的職涯都才剛起步，工作時間很長，責任沉重，空出時間參加籃球賽已是一大挑戰，更別提一起喝酒。

沒教練也是個問題。也許到了最後，球打得最好的喬許會站出來身兼教練，但現在賽季已經過了一半，這支球隊還是沒有領導者。我認為這太糟糕了。一個優秀的教練可以提供協助，讓不安全型依戀的球員覺得受到支持，讓他們更容易融入球隊。或許教練可讓安全型與不安全型依戀的球員互相搭檔，協助他們了解彼此，建立團隊信任。教練還得密切注意那些需要支援的逃避型依戀球員，正如紐威爾所說的，逃避型的球員「很難開口要求支持，」他們也凡事喜歡自己來，想時時控球，可能有想當明星的傾向，這些都需要注意並加以控制。教練可能需要給焦慮型依戀的球員更多的承諾，保證他們對整個隊伍的價值，如果能再多一點鼓勵，也許所有人都能挪出些時間一起上酒吧培養感情。

當教練成為依戀對象

二〇一〇年，美國大學體育協會一級男籃錦標賽，杜克大學決戰西維吉尼亞大學，大概是在球賽第二節，西維吉尼亞大學的達肖恩．巴特勒與杜克大學的一名球員在籃板下相撞。巴特勒的左腿彎曲，摔倒在地，痛苦地扭動身體，顯然膝蓋受傷了。球賽的轉播員說：「巴特勒非常痛苦。」

西維吉尼亞大學籃球隊的總教練鮑伯．哈金斯立刻走進球場。哈金斯綽號「抱抱熊」，他是美國大學體育協會一級男子籃球隊僅有的五名男教練其中之一，教練生涯擁有七百場以上的勝利。

球場上，穿著藍色運動衫的大塊頭哈金斯跪在受傷的球員旁邊，他彎著身子，臉龐靠近巴特勒，他們幾乎是鼻子對著鼻子；他雙臂抱著巴特勒的頭，輕撫他的臉頰，直視他的眼睛，以撫慰的語氣對他說話。

播報員評論：「這是鮑伯．哈金斯教練震撼人心的一刻。」

後來我與美國首屈一指的依戀理論研究員，馬里蘭大學的茱德．卡西迪教授討論那「震撼人心的一刻」。哈金斯與球員一起跪在地上並安慰對方，這樣的行為同樣讓卡西迪印象深刻。

她問：「他怎麼知道要那樣做？」

我說我不知道。

「我猜是因為他母親也這樣對他，因此對這位教練來說，那麼做很自然。他給這位球員提供安慰，以依戀理論的術語來說是提供安全避風港。這是他學會的劇本，他知道如果有痛苦，就提供安慰。」

是什麼造就了「勝利教練」，讓他去到哪一支球隊都能帶領隊員們獲得勝利？原因有很多，比如教練經驗老到、知識淵博，但是否也有可能是因為像鮑伯．哈金斯這樣的教練，成為運動員的依戀對象？

一項英國研究要求逾三百名年輕運動員完成親密關係體驗量表，研究人員將那份量表稍加修改，以突顯運動員與教練的關係。研究人員露薏絲．戴維斯（Louise Davis）與蘇菲亞．喬維特（Sophia Jowett）發現，一些運動員確實可藉由滿足基本依戀功能來與教練建立關係，包括探索與發現運動環境的重要層面（安全堡壘）、面臨壓力時求助於教練（安全避風港），並且與教練維持某種程度的親近關係（尋求親密）。

挪威研究人員採訪了精英運動員與教練的相處模式，這些人加起來總共贏得了十七面奧運獎牌。研究人員總結道：「這些教練與運動員之間的良好關係，顯然近似於完美依戀對象的實現。」

當我回想可能與我有依戀關係的教練，只想到一個人，我九年級的青年籃球校隊教練，就是在球賽無望時會讓我上場的那位。

事實上，我與教練建立的關係比我加入籃球校隊更早。我接受成人依戀訪談時，被問及是否有家人以外的人對我有重要影響，腦中浮現了他的名字。

他的名字是克雷頓．「巴德」．歐戴爾。當我得知他將擔任籃球校隊教練，我表達了想要加入校隊的意願，儘管我並不是優秀的球員。他曾擔任我的六年級老師，影響我至深。我覺得他了解我，他能看見我的潛力，讓我想在課堂上盡力表現。後來我參加了籃球校隊選拔賽，聽說考試時得用左手運球，但我做不到。一個年紀大一點的孩子告訴我，如果用膠帶捆起右手，就可以迫使你用左手練習運球；於是我放學一回家就用膠帶纏住右手，在車道上連續練習了幾個小時。我到現在還是不擅長用左手運球，但我當時確實成功加入了校隊。

那已經是五十年前的事了。

現在八十六歲的巴德已經退休許久，他與妻子潔西住在北卡羅萊納州夏洛特市附近。我想拜訪我的老教練，因為我對以前的一些事感到好奇。他顯然是我其中一個依戀對象，而我回應他的方式就是盡我所能成為他優秀的學生，並加入他的球隊。不過他是怎麼做到的？他如何成功成為我的依戀對象？

他站在門口迎接我，看起來身體很虛弱。他得過癌症，歷經化療與三次手術。他的頭髮變得稀疏灰白，雙耳戴著不顯眼的助聽器。他似乎變矮了，他跟我說他最近量身高是一百八十公分。「以前我打籃球時，身高有一百八十八公分。我不知道什麼時候竟然矮了八公分！」

我們熱情地握手，他的手依然強而有力。

巴德與妻子帶我走進他們簡樸公寓的客廳，然後他回到自己的休閒躺椅上。這天很熱，但他穿了兩件襯衫，一件套在另一件外面。他說：「我經常覺得冷，因為我吃了血液稀釋劑。」

我問：「你還記得我待過籃球校隊嗎？我的表現不是很活躍。」

巴德在回答前停頓了一下。我記得那些長時間的停頓，記得他說話緩慢，小心翼翼地選擇每一個字。

「我記得你對籃球非常感興趣，而且你有點能力。」

我說：「這種說法很善良。」我們兩人都笑了。

我驚訝的是，他說很後悔沒有讓我有更多上場時間，並提到校方強調球隊獲勝的重要性。「但我相信，我對所有隊員都很公平。我希望你們每個人都學會同樣的技巧，包括運球、傳球、投籃、右手帶球上籃和左手帶球上籃。」

我打斷他：「你希望每個人都會用左手運球，這是真的嗎？」

「是的。」他停頓了一下。「說實話，我試著用左手運球試了二十年，但我做得不是太好，所以我同情那些不擅長左手運球的人。」

噢，或許我當初努力想加入校隊時，不必如此擔心左手運球的事。

接著我問巴德關於他的訓練方法，以及他試著在教練與球員間建立什麼樣的關係。

「嗯，我想親自認識每位球員，了解他們的真實個性與能力，了解他們的思考方式，了解他們的興趣，了解他們的優點。」

巴德的描述正好是我五十年前的感受，我覺得他是認真地想了解我。

「我想了解你們每個人是否都能接受挑戰，以及如何回應挑戰。我想了解如果你們無法回應挑戰，我能做些什麼來幫助你們。因為你們每天在教室與球場都得面對一堆挑戰。我訓練的基本原則就是了解每個孩子的需求，還有我能如何滿足孩子的需求。」

我的老教練並未使用依戀理論的術語，但他的方法很清楚：他真的了解球員，關心球員，為他們提供方法，幫助他們達到目標。這些都是培養教練與球員之間依戀關係的關鍵，也是讓他成為受人尊敬的教練與教師的其中一個原因。

主場優勢？

自那場糟糕的比賽後又過了幾週，隊員們不僅下班之後繼續練習，也一點一點在進步。他們相處的時間變長了，開始熟悉彼此的長處，誰善於進攻，誰善於防守，誰可以從外線射籃，誰可以從中線切入等。他們從未成功相約在酒吧優惠時段一起喝酒，不過他們在球場上努力練習，這支球隊的兩個團體也開始緊密合作。

今晚是本賽季的最後一場比賽，他們已經輸了四場，贏了四場，現在就看這一戰了。如果他們這場輸了，那麼他們在季後賽第一場將對上一支頂尖球隊，並且可能很快就被淘汰；但如果他們今晚贏了，那麼他們將對上一支較弱的球隊，就有機會贏得總決賽。

然而今晚的對手看起來很難纏。我趁對方熱身時偷看了一眼，發現他們的塊頭很大，比我們任何一個隊員都來得魁梧。戴夫敬畏地說：「他們有兩個隊員身高超過一百九十五公分。」

當大家擠在一起擬定最終戰略時，裁判走進球場中央，為開場跳球做準備。比賽在冬天某個週日晚上七點舉行，除了我、球員、裁判和計時員，社區中心的體育館空無一人，沒有任何觀眾。其中一位隊員對此發表了看法，他告訴我，在安靜空蕩的體育館裡比賽感覺很怪異。「你能聽到的聲音就只有運動鞋踩在木頭地板上發出的嘎吱聲。」

的確很怪異，而且從依戀的角度來看，對比賽並無助益。

在一項實驗中，研究人員要求三歲至十二歲不等的五十位孩子繞著棒球場跑兩圈，跑得越快越好，其中一圈讓父母看著他們跑，另一圈則故意要父母盯著手機，不看他們。結果如何？當父母看著孩子跑步，五分之四的孩子的平均速度快了三秒，而且絆倒或跌倒的次數較少；當父母盯著手機，其實就是忽略孩子，結果孩子跑得比較慢，跌倒的次數較多。只要是專注的父母，不論歡呼喝采或只是靜靜看著孩子跑步，其實結果都一樣，關鍵是他們的專注。研究人員布蘭迪・斯圖皮卡（Brandi Stupica）總結道：「有父母擔任安全堡壘時，孩子的運動表現比較好。」

雖然這項研究的對象是孩子及其父母，但研究人員認為，若對象換成成年運動員及其重要的人，效果可能相同。研究人員山姆・卡爾指出，與依戀對象分離可能引發「不利於最佳表現的心理狀態。」

一般人所說的「主場優勢」，是否與親人出席並專心觀賽有關，或至少在某種程度上是如此？

遺憾的是，許多教練與球隊經理往往採相反的做法，他們禁止球員與配偶、心愛的人或家庭成員接觸，認為這些人會讓球員分心。據報導，在二〇一〇年世界盃足球賽期間，英格蘭隊的教練禁止球員與妻子或女友見面；就依戀理論的角度來看，該策略適得其反。熟諳依戀理論的教練會鼓勵球員的配偶、心愛的人或其他依戀對象出席觀賽，並確定他們收起手機、電子閱讀器，或是任何讓人分心的裝置，讓他們專注觀看比賽。

事實上，最後一場比賽那晚，某位球員的重要的人確實出現了，就是陶德的女友瑪姬。她與我一起坐在場邊，等待裁判的開場哨聲響起。

受傷

開場跳球時，喬許將球拍給湯米，湯米再傳給戴夫。後者從罰球線的角落射籃得分，但對方球隊隨後立刻追上。上半場結束前，我們在這場勢均力敵的比賽占上風，以二十一比十九領先三分。這表示整個賽季的重點就在接下來二十分鐘。我不是球員，但連我都緊張不已，很難想像這些人要如何處理這樣的壓力。

下半場剩下六分鐘，我們將領先優勢拉開至三十比二十六。

後來他們開始傳球失誤，投籃失準，另一隊的大塊頭球員則變得激動。剩下兩分鐘，我們落後了，比分來到三十四比三十五。陶德上場，湯米下場。也許女友專注觀賽讓陶德受到激勵，他突然精力爆發，在籃板下從一個大塊頭球員手中奪下籃板球，直接穿過場中央，俐落彈跳，帶球上籃並且得分。接著他被推倒在地。

陶德靜靜躺著。他的女友跳了起來，努力想看清楚他是否還好。

裁判暫停比賽，隊員走向陶德，站在他身邊，等著看他能否站得起來。

一般來說，**安全型依戀的球員比較能放下受傷的事，重新回到場上比賽**；焦慮型球員可能會專注於傷害，逃避型球員可能否認症狀，導致傷勢惡化。這是因為安全型依戀的球員通常較有信心，認為自己若是需要幫助，可以找到稱職可靠的照顧者，對於傷勢痊癒也比較樂觀。相較之下，不安全型依戀的運動員可能對身體的疼痛更為敏銳，也連帶讓他們更容易焦慮，因為他們不相信這樣的疼痛會沒事，也不相信其他人能稱職地照顧他們，他們容易小題大作、往壞處想。

如果球員受傷，身為球員依戀對象的教練可以安慰他們，正如哈金斯教練做的那樣。教練甚至可以根據球員的依戀模式，進一步調整反應：如果受傷的球員是安全型依戀，教練可能會鼓勵球員重新回到比賽；如果受傷的球員是逃避型，教練可能會讓他與其他球員保持距離，與他一對一交談，增強該球員的自立感與耐痛力；如果受傷的球員屬於焦慮型，教練可要求隊醫直接向他保證傷勢不嚴重，並鼓勵隊友上前支持受傷的球員。

幸運的是，那天晚上陶德沒受傷，而且他重新站了起來。

表現失常

比賽剩下不到一分鐘，我們落後一分。對方的高大球員緊緊守住球，不停來回傳球，防止我們有機會得分。剩下三十秒的時候，馬歇爾故意撞上一名對手球員，被罰下場；對方球員罰球得到一分。我們落後兩分，比賽時間只剩幾秒鐘。

身高一百七十三公分的戴夫是我們最矮的球員，但他或許是最會射球得分的球員，由他上場頂替馬歇爾。

現在球場上是我們最優秀的球隊組合：喬許，陶德和戴夫。

如果我們能在最後幾秒鐘持續控球，其中一名隊員有機會在終場哨音響起前投出最後一球。

這是關鍵時刻，至關重要，不能表現失常。

為什麼有些運動員面臨壓力時比較容易表現失常？凱莉．佛瑞斯特指出，因為壓力增加時，具有不同依戀模式的運動員可能會經歷不同程度的「注意力中斷」情況。

安全型依戀的球員面臨壓力時，即使壓力持續增加，他們通常也能專注於當前的任務。焦慮型球員面臨壓力時，往往專注於內心，將注意力放在自己身上，而逃避型球員往往專注於外在環境與個人利益，而非團隊利益。在這兩種情況下，他們會分心，無法根據平常的訓練自然地表現。佛瑞斯特認為，這可能是導致運動員表現失常的原因。

根據場上目前的情況，熟悉依戀理論的教練可能會要求暫停，安排如何來個最後一擊，讓安全型依戀的球員拿到球並投出最後一球。聽起來有些不公平，明明每位球員都為球隊貢獻了能力，但為了增加獲勝機率，從依戀的角度來看，應該由安全型球員投出關鍵的那一球。

這支球隊照做了。

投出最後一球的人是戴夫。

戴夫是維繫這支球隊的關鍵人物，他是唯一認識球隊兩邊陣營的人。他重視這些人際關係，而且不會視其為理所當然。他告訴我：「你必須學會相信隊友並建立友誼，那才是重要的事，而不只是為了勝利而已。」戴夫也以同樣明智的態度看待生命中重要的事。他與妻子蕾貝卡在大學一年級相識，現在已經結婚兩年了。他說：「我的生活與人際關係比任何比賽都重要。比賽很有趣，但這只是運動而已。我已經贏得人生最重要的比賽。」

戴夫屬於安全型依戀嗎？我無法肯定。我並未讓球員填寫親密關係體驗量表，但根據我的觀察與訪談，我的直覺給了肯定的答案。

陶德把球傳給戴夫，戴夫正站在中線上。我們落後兩分。這一球，將是這場比賽與常規球季的最後一球。

戴夫後來重述他那一刻的心境：「我把球傳給喬許，我認為他想投最後一球。但防守我的球員離開了，喬許又將球回傳給我。我距離三分線幾英尺，我知道我必須投出那一球。那一球關乎勝敗，不是追平比分，而是決定勝敗的一球。當時我沒有任何想法或感覺，就只是自然而然地投出那一球。」

戴夫注意力集中，投出那一球。

當時鐘歸零，終場哨音響起，籃球穿過了籃網。

隊員成群走出社區中心。

陶德說：「那些傢伙都是巨人，但他們的打法不高明。」

馬歇爾說：「我們今晚就像一個真正的團隊，我想我們都學會了如何做為一支球隊來打球。」

他們仍穿著運動鞋與短褲，走入黑暗的街道，興奮地評論這場比賽，並開始制定季後賽的策略。

12
追隨領袖：依戀與政治

為了採訪麥可．杜卡基斯（Michael Dukakis），我來到東北大學政治學系的九樓辦公室，發現在總統大選中獲勝與落敗的差異不言而喻。辦公室風格簡樸，大門敞開，曾在總統大選獲得近四千兩百萬張選票的杜卡基斯穿著簡潔的襯衫，坐在桌前。

除了頭髮已白，現年高齡八十二歲的杜卡基斯看起來仍是當年那位在《來去美國》歌聲中，步入民主黨全國代表大會會場的政治領袖。當時他打破傳統，並未從大會的後台入場，而是在眾多民主黨代表簇擁下，從會場前台入場。那一幕讓我感到激昂不已。

然而在當年總統大選中，杜卡基斯未能迅速回應共和黨對手老布希的負面攻擊。在一場全國電視辯論會上，有人對杜卡基斯提出一個非常尖銳的問題：「如果你太太凱蒂遭人先姦後殺，你仍反對兇手被處以死刑嗎？」他面無表情地重申自己堅決反對死刑的立場，評論家認為此舉是導致杜卡基斯落敗的重大失誤。

但這究竟是失誤，抑或透露出杜卡基斯性格與依戀模式中深藏不露的一面？這場訪談的目的是要讓杜卡基斯回答成人依戀訪談的題目，就我所知，這是首次有國內政治領袖接受成人依戀訪談評估，而這次經驗也許有助我探究更多政治人物的依戀模式，探討國家能否健全發展的關鍵。

依戀對領導模式的影響

依戀理論的研究者不時會推測歷任美國總統的依戀模式，但僅止於紙上談兵，因為要測量成人依戀模式唯一可靠的方式，只能採用親密關係體驗量表或成人依戀訪談。就我所知，從未有總統曾接受這兩種評量方式，我們只能以總統過往的經歷及公開言行來推論其依戀模式。

我們確實也做了推測。越深入了解依戀模式如何影響成人的行為，我們就越能理解政治領袖的依戀模式與其領導風格及實際作為如何習習相關。不僅如此，依戀模式也與人民的幸福快樂有關，因為**政治領袖的角色往往具備依戀對象的功能**，他必須保護人民免於外敵侵略（安全避風港），維護國內經濟與社會秩序，讓大眾安居樂業（安全堡壘），聆聽人民的聲音，並且在媒體上維持一定的曝光率（尋求親密）。如果人民忽然失去政治領袖，例如重病驟逝或遭到暗殺，人民也會感受到失去的痛苦，這一點與其他的依戀關係如出一轍。

安全型依戀的領導者懂得運用這種依戀關係，自信而巧妙地扮演研究人員所謂「更強大睿智的照顧者角色，」提升人民的自我價值感，鼓勵人民追求自主，激發創造力以及對新挑戰的渴望。研究人員菲利普・沙弗與馬利歐・米庫林瑟指出，安全型依戀的領袖具備成為「變革型領導」的潛力；換言之，他能讓人民感受到「勇氣、希望與奉獻的熱忱。」一般來說，只有安全型依戀的領導者能做到這一點，因為他們無論對人對己都能採取正向思維。「安全型依戀的領導者能加強人民的安全感，焦慮型依戀的領導者則難以滿足支持者對安全避風港與安全堡壘的需求。」心理學教授蒂芬妮・凱勒漢斯布洛（Tiffany Keller-Hansbrough）也持同樣的看法。「變革型領導通常具備安全型依戀的內在運作模式。」

當代美國總統中，可能屬於安全型依戀並具備變革型領導特質者，其中一人是羅斯福總統。美國深陷經濟大蕭條與二次世界大戰危機時，他運用「爐邊談話」鼓勵民心，時時警示大眾切勿屈服於恐懼本身，展現足以保家衛國的強大領導能力，在動盪不安的時代給予美國人民安全感，激發人人內在的潛藏力量。羅斯福總統逝世的消息一出，數百萬人民落淚哀悼（二十年後，小甘迺迪總統遭刺殺時也出現舉國哀悼的情況）。另一位是共和黨的雷根總統，他或許可被視為變革型領導者，他的那句名言「美國又見黎明」充滿樂觀精神，他運用有效的溝通方式推展務實保守主義（雷根革命），重新燃起大眾的愛國情操，重建人民對總統的信心。

要是領導者屬於不安全依戀模式呢？他們仍然可以成為效率絕佳的管理者，但也許無法促成改革。這種依戀模式或許能促使他們掌權，但也可能適得其反，讓他們栽跟頭。

沙弗與米庫林瑟指出，逃避型依戀的領導者可能會將掌權視為塑造個人「強悍獨立」形象的大好機會，但因為這種人「不習慣親密與互相依賴的關係，」導致他們可能無法理解支持者的需求。在現代美國總統中，也許可以尼克森總統為例，他拙於社交，對他人缺乏信任感，甚至對他的支持者與幕僚都難以信任，與逃避型依戀的特徵相符。後來尼克森總統辭職下台，搭直升機離開白宮前，他在告別演說中提到：「我的母親是聖人。」尼克森傳記的作者伊凡．湯瑪士（Evan Thomas）說，其實尼克森小時候很怕母親。如果一個人能理解並接受父母並非完人，甚至承認父母曾虐待自己卻還是愛他們，這種特質是安全型依戀的證據。相對地，逃避型依戀者經常宣稱自己的父母十分完美，並堅稱自己深愛他們的一切，完全不承認父母有虐待的行為。研究人員表示，雖非百分之百，但是將父母理想化的確是逃避型依戀的特徵。

沙弗與米庫林瑟同樣指出，焦慮型依戀的領導者可能藉由角逐官位，「彌補自己先前未得到關注、親近與接納的缺憾，而非致力謀求人民福祉。這種人上任之後，可能會對未被滿足的依戀需求展現出『自我中心』的傾向，導致他們無心履行義務。」柯林頓總統也許就是一例（再次強調，這只是推論）。研究人員指出，他顯然非常渴望獲得外界關注，極力取悅支持者，而且他「無法忽視崇拜自己的實習生臀上那條丁字褲，」最終導致他遭到國會彈劾。

尼克森與柯林頓都是才智過人、極具天分的政治人物，如果能了解自己的依戀模式，他們在任內的作為也許會有所不同。政治領袖若能了解自身的依戀模式，通常只有好處沒有壞處。舉例來說，如果尼克森意識到自己時時感覺備受威脅，並且無法信任屬下等行為，可能是出自於其逃避型依戀模式，或許他就不會授權非法行為，也就無需引咎辭職；如果柯林頓知道自己無法抵抗年輕實習生的誘惑，其中一個原因來自他的焦慮型依戀模式，也許他會更懂得鍛鍊自制力。

依戀對選民的影響

身為公民，依戀模式會影響我們的政治傾向與投票對象。**安全型依戀模式的選民似乎傾向支持走中間路線的候選人**，無論是中間偏右派或是中間偏左派。研究人員克里斯多夫．韋伯（Christopher Weber）與克里斯多夫．費德里科（Christopher Federico）指出，安全型依戀的特質為「有自信、具備同理心、信任感，」這一類人通常相信這個世界「安全且和諧，」人人都十分善良。因此這類選民對於模稜兩可的言論較有包容力，不傾向一元獨斷的論述。依戀模式的專家馬利歐．米庫林瑟表示，安全型依戀的人具有「更溫和、更有彈性也更為實際的政治觀點。」

不安全的依戀模式會影響選民走向極端的意識形態，也許是極左派或是極右派。美國聯合學院心理學教授約書亞．哈特（Joshua Hart）解釋：「不確定性會加深不安全感，所以不安全型依戀的人也會被……各種極端主義吸引，因為這些意識形態提供了一種強烈且已是他非的世界觀。」當然，社會上有時的確存在讓人沒有安全感的客觀因素，例如經濟衰退或恐怖主義的威脅，然而此處是談論極端主義意識形態的普遍傾向。

研究人員韋伯與費德里科表示，逃避型依戀的選民往往對他人缺乏信賴，特別崇尚獨立自主，從他們對經濟（「世界是冷漠、弱肉強食的叢林」）與軍事政策（「人民只能仰賴自己的力量」）的觀點來看，這種人容易受到右翼保守派吸引。焦慮型依戀的選民對於自身的處境經常備感威脅，需要尋求安全感，可能會認同左翼自由主義神學，主張財富和政權的重新分配，大力提倡「包容」的態度，希望政府扮演照顧者的角色，顧及所有人的福利。然而這些論述並非絕對，逃避型依戀的選民也可能崇尚左翼自由主義神學，焦慮型依戀的選民也可能支持右翼保守主義，但是無論如何，他們都認為教條主義能帶來安全感，因而受到吸引。

焦慮不安的選民尤其可能將他們未獲滿足的依戀需求投射到領導者身上，導致一個值得注意的問題。研究指出，焦慮型依戀的選民可能會因為過度渴望強而有力的保護者，使他們無法區分一位領導者是否屬於能保護、鼓勵並賦予人民權力的變革型領導者。

在一項研究中，漢斯布洛教授讓受試者觀賞兩段演講影片，一段是杜卡基斯接受民主黨總統提名時的演講，另一段是同場提名大會的候選人傑西．傑克遜的演說。這兩段演講已事先受過變革型領導特質的評估，例如「是否與支持者的情感與價值觀需求相契合，並強調集體的身分認同」。專家認為傑克遜的演講具有這些特質，而杜卡基斯的演講內容雖然「務實」，卻缺乏變革型領導特質。

研究結果呢？焦慮型受試者認為杜卡基斯的演講具有變革型領導特質，儘管客觀的衡量標準並非如此。漢斯布洛教授提出警告，焦慮型選民可能會因為太渴望與強大的保護者建立連結，讓他們無法分辨自己支持的候選人是真正的變革型領袖，或是極具個人魅力的政治家。這表示那些已經偏向極左或極右的選民，可能誤將平凡甚或危險的政治家視為啟發人心的變革型領導者，因而盲目追隨一位擅於煽動民意的政客。

州長的依戀訪談

「是皮特嗎？進來吧。」

杜卡基斯曾當過麻薩諸塞州三任州長，被美國其他州長票選為最佳州長。當他走到門口來迎接我，我發現他走路時有些微駝背。我很敬佩杜卡基斯，也曾投票給他，更感謝他願意抽時間與我見面。

「非常高興認識您，州長。謝謝您的邀請。」

他坐到桌子後方，一邊說：「我正在寫電子郵件，快寫完了。」他的椅子旋向身後的桌上型電腦，然後又轉回來面對我。「算了，我等等再寫。」

這時電話響了，他轉回去接聽電話。

「哈囉。是的，什麼？別這樣。他不能做什麼？好，沒問題。好的。」

我記得他深沉的聲音，以及簡短且如連珠炮的說話方式。

我悄悄用嘴型跟他說我可以先離開時，他示意請我留下來。

這間辦公室十分普通，我想任何大學教授可能都有一間類似的辦公室，而我認識的杜卡基斯可能也不介意如此簡樸的擺設。他與妻子凱蒂在布魯克萊恩生活了五十多年，沒有換過房子。當州長時，他每天搭輕軌電車上班，沒有隨扈跟著。他告訴我：「打從我五歲開始就搭乘輕軌電車，為什麼現在的我需要開凱迪拉克，還要出動二十名警察來保護呢？」辦公桌正對面的牆上有一幅裱框的林肯書信，還有幾張美國國鐵的宣傳海報，窗台邊放著凱蒂與七個孫兒的照片。

他繼續講電話：「她……她現在正陸續收到邀請函回覆，約翰。好，好。我們會處理。我們會處理。沒錯，好的。好，我們會去辦。」

掛掉電話後，杜卡基斯將座椅轉向我。「來，儘管問，儘管問。」

我簡短介紹自己對於依戀理論的興趣，並跟他說我在寫一本書，因此在晤談時會詢問一些成人依戀訪談的題目。

他說沒關係。

成人依戀訪談的目的並不在於挖掘受訪者的過往經歷，而是透過讓受訪者描述與主要養育者的早期關係來重啟他的依戀機制，特別著重在分離、生病、失去的經驗，並且觀察受訪者是否能創造一個可信的、具有內在一致性的童年經歷論述。訪談旨在「出其不意地接觸潛意識」，並於討論這些依戀關係時點出受訪者的心理狀態。

參與成人依戀訪談的訓練課程，才可獲得認證資格。我並未參加課程，因此不具備認證資格。但我接受過馬里修．克提納博士的成人依戀訪談（參見第二章），他具備認證資格，而我是記者與作家，擁有幾十年的採訪經驗，為了書寫關於受訪經歷，也仔細研究過該訪談的架構。總而言之，雖然我並未接受正式的成人依戀訪談訓練，也未獲得認證，但我對於成人依戀訪談的內容、目的和結構都相當熟悉。

儘管如此，當我坐在杜卡基斯對面的辦公桌前，一想到自己要請一個大人物回答如此揭露心理狀態的問題，還是十分緊張。為了讓他安心受訪，並證明我無意加以扭曲陷害，同時便於檢查自己的紀錄是否有誤，我提議他可以在訪談內容公開前檢視其中引用他論述的部分。

他說：「這一切都有紀錄的，別擔心。我不是那種愛關掉麥克風說話的人，別搞得那麼複雜。」

我檢查那台經過他同意放在桌上的錄音機，確認機器運作正常後，訪談開始。

我說：「好，不如先跟我談談您的家庭吧。您以前住在哪裡？家裡成員有誰？經常搬家嗎？父母的職業是什麼？」

「我的父母都是移民。」他的父親在工廠與餐館工作，晚上去上夜校。「我父親剛到美國時身無分文，一句英文都不會，十二年後卻能從哈佛醫學院畢業，我真不知道他到底是怎麼辦到的。」

我接著問他童年時與父母的關係。「只要說出有記憶的部分就可以了。您會怎麼形容與父母的關係呢？」

「嗯，我的童年很快樂，我喜歡上學，運動讓我不亦樂乎。不知什麼緣故，我在學校表現很好。皮特，我記得自己十二、十三歲時說過類似的話：『真希望人生可以停在這裡，因為我實在過得太開心了。』」

我覺得這個回答有些文不對題。根據成人依戀訪談的準則，遇到這種狀況時，不需要糾正受訪者，只要繼續進行訪談即可。

總之，這兩個題目只是暖身，下一個「五個形容詞」的題目才是重點。

我說：「想想您的母親，您能不能用五個形容詞描述自己小時候與她的關係？」

他說：「首先當然是『慈愛』，還有『紀律嚴明』。我父母對我們的標準很高，他們希望我們在學校表現出色。杜卡基斯家要求孩子多勞動。沒有人會到家裡來幫忙打掃煮飯，我們得自己除草，自己鏟雪。」

短暫停頓後，他說出第三個形容詞：「全心支持。」

接著是漫長的沉默。

我打破沉默：「其實要想出這些形容詞真的不容易。」這是準則所建議的應對方式。

「我不確定有沒有適當的形容詞，我的意思是……他們很努力要給我們多元的經驗和開闊的眼界，你知道的，我是說……還有民族性。我不想過度強調這件事，不過我們在希臘家庭長大，至少亞亞[1]在場時，大家都說希臘語。然而我們跟絕大多數的希臘家庭不一樣，我父母的教育程度頗高，這在當時的希臘家庭並不常見。我從五歲開始去主日學

1 譯註：亞亞（YaiYai）為音譯，意思是希臘語的「奶奶」。

校，一直到十三歲，不過我不覺得家中有明顯的宗教氛圍。」

我說：「目前的形容詞有慈愛、紀律嚴明、全心支持。」

他說：「重視教育。」

杜卡基斯實在想不出第五個形容詞，所以我們繼續進行這個問題的第二部分，請他根據這幾個形容詞說出具體事件。

「您描述母親的第一個形容詞是『慈愛』，能不能說說具體的記憶或舉個例子？」

他停頓了二十秒，說道：「我得好好想想。」

我說：「慢慢來。」

「我記不起來一件、兩件或三件事，就是……」

我接著他的話繼續說：「就是腦海中有些印象或影像，讓你覺得母親很慈愛是嗎？」

又十秒鐘過去了。

「我得好好想想，這跟整個環境有關係，我成長的環境，你知道，就是一種比較長期的氛圍，但是……」

我接著說：「好。第二個形容詞是紀律嚴明，印象中哪些事能說明母親很嚴格？」

此時電話響起，他又轉回去接電話。

「哈囉！嗨！是的，他在工作小組裡面。我告訴他了，不用擔心。對。好。好。那工人會來嗎？如果僱得到，我希望他們都能來。好。好的，謝謝。」

他再次將座椅轉過來面向我。「我們剛剛談到哪裡？」

我提醒他，剛剛我們談到他跟母親的關係，他用紀律嚴明來形容母親，我請他舉幾個例子加以說明。

「嗯，她有時會揍我們。」這裡指的是杜卡基斯與大他四歲的哥哥史特利安。「我們兄弟感情很好，不過老是在打架。這也不是什麼新鮮事。有一天，媽媽對我們大發脾氣，罰我們不准繫皮帶去上學，因為我們常常把皮帶抽出來互相打來打去。少了皮帶，褲子就老是往下掉，很難為情。」

隨後我請杜卡基斯用五個形容詞來描述父親，他說他想到的形容詞和形容母親的一樣，只是「沒那麼強烈。」因為他的母親是家庭主婦，經常在家，而他的父親每星期在醫院工作七天，他比較少與父親相處的記憶。

我說：「所以當您想起父親『慈愛』的樣子，記憶中有沒有哪些事能說明？」

他說：「想不起來，只記得他一直都很溫暖，很支持我們。」

請他說明形容父親的其他四個形容詞時，他也很難想出明確的實例。

我們繼續進行下個題目。「您還記得第一次離開父母是什麼時候嗎？」他還記得，是在他十一歲時，前往新罕布夏州參加要留宿的營隊。

「那時我非常想家，又不好意思說，因為我真的很想參加那個營隊。那裡有許多戶外活動，我還在那裡學了游泳。不過，天啊，我真的好想念家人。那種感覺非常奇怪，我根本不知道自己到底怎麼回事，一個人獨處的時候一直在哭。這真是最糟糕的事，我簡直快發瘋了。你可以想像這是什麼情況嗎？因為我完全不了解自己為什麼會變成那樣。」

我繼續問下一個問題：「您的父母是否威脅過您？無論是認真的或是開玩笑的。」他講了關於父親的一個故事當做回答。每個星期天下午，他父親通常會休息一下，停止看診，回家吃午餐與睡午覺。杜卡基斯九歲或十歲的某個星期天，他與史特利安在客廳裡踢足球，吵醒了父親。杜卡基斯回憶道：「天啊，他氣炸了。他走下樓，從壁爐裡抓起一根撥火棒。我衝進浴室，把自己鎖在裡面，在他……」這時杜卡基斯笑了起來。「在他痛扁我之前。」

進行成人依戀訪談時，最困難的其中一點是採訪者不該對受訪者的回答發表評論。當我接受訪談時，有時必須重述童年的痛苦故事，而克提納只是靜靜聆聽。當時我就覺得要能做到這件事很困難，現在聽到杜卡基斯說出這些故事，我發現要自己不說一兩句同情的話實在很難。

我繼續說：「所以您回顧過去，覺得童年經歷如何影響您成年後的個性？」

「我不知道。我只能跟你說我小時候非常快樂，我喜歡自己做的那些事。我真的沒有想這麼多。」

那麼在成長過程中，是否還有其他對他來說很重要的成年人？他先前提到他的奶奶奧琳比雅，她與家人住在一起。

「我們的關係很親。星期日吃晚餐時，我會走到客廳，她會抓住我的手臂，讓我帶她進餐廳就座。當時我大約六歲。」

她在隔年去世。

他記得哪些關於奶奶去世的事嗎？

「她被放在客廳的一具棺材裡。」人們前來弔問。

他有什麼感受？

「我不記得了。我的意思是，我顯然很傷心，但除了悲傷之外，我不記得任何事。奶奶死了，要一個七歲的孩子如何面對死亡？我的意思是，事情就是發生了，我很傷心，但我大概只能接受這件事，繼續過日子。」

杜卡基斯的哥哥史特利安讀大學時，罹患了「嚴重的精神疾病」，住院接受治療。杜卡基斯說：「這是我們家第一次發生這樣的事情。」在杜卡基斯三十九歲時，史特利安被一輛汽車撞死。

「皮特，我是天生的樂觀主義者，我不在意問題，問題總會有解決的辦法。但讓人困惑的是我哥哥看起來很好，學業成績優秀，運動表現出色，突然之間，他就出問題了。現在我們對於精神疾病的生物基礎了解更多，這是其中一個典型案例。這種案例非常多，只不過這次是我哥哥。」

訪談快結束時，杜卡基斯談到結婚五十二年的妻子凱蒂正在努力對抗憂鬱症與輕微失憶症。我曾在新聞報導上看過這則消息。杜卡基斯深愛著她，全心全意照顧她。他說：「她的情況不錯，幸虧有電痙攣治療。皮特，說真的，如果沒有那種療法，她今天不可能還活著。我與凱蒂仍舊每天出門去幫助別人，我介紹她的時候都稱她是美國最好看的聯邦醫療保險受益人，她確實是。不過你知道，這真是一段驚心動魄的過程，我的意思是，我們都經歷了相當精采的人生。」

後來我將這次訪談的文字紀錄寄給心理治療師蕭莎娜．林格爾博士，她曾為數百個成人依戀訪談編碼，包括我的。數星期後，她將編碼過的杜卡基斯訪談紀錄寄給我，包括她對特定回答的評論。

「關於五個形容詞的題目：很難找到反映形容詞的記憶或經歷，特別是關於愛。此外，強調學業成績，而不是情感支持。

「關於母親的懲罰：即使母親的懲罰很嚴厲，讓人覺得難堪，他仍然贊同。

「關於夏令營想家的心情：承認想念父母，但即使多年過後，還是無法思考、理解或接受這件事。

「關於父親的威脅與懲罰：承認一些負面經歷與父親的怒氣，但嘲弄那件事並輕描淡寫地帶過。

「關於祖母在家中去世：對於這個經驗平鋪直述，冷淡，沒有人情味。

「關於哥哥史特利安的精神疾病：討論哥哥生病的過程，而不是討論它對他的影響……運用邏輯，將感受減到最少。

「總結：整場訪談展現的特質包括抽離記憶與感受的抽象反應，將自我描述為堅強獨立。如果有脆弱的感受，受訪者會輕描淡寫……鮮少表達感情、需求、依賴，其實是主動漠視這些感受。對於負面經驗輕描淡寫，強調成就、優異的學業成績、體育表現，而不是情感親密。

「依戀分類：逃避型。」

所以，我極度欽佩並熱情投票支持的政治人物，其實擁有不安全的逃避型依戀模式？起初我懷疑這次的成人依戀訪談是否有效，因為執行訪談的人是我，不是心理治療師，這是否會扭曲結果？林格爾博士認為這是個好問題，但杜卡基斯似乎真誠地試著回答這些題目，而且許多成人依戀訪談的執行者都不是心理治療師，而是研究人員。

成人依戀訪談會有文化偏見嗎？杜卡基斯現在八十多歲，在他成長的年代，家人之間鮮少談論情感，而是強調努力工作與成就，或許移民家庭尤其如此。因為他比較不會坦率表達情感，成人依戀訪談是否對他不公平？美國社會過去一向欽佩強悍沉默的「約翰韋恩[2]型」人士。林格爾博士回答，這其中確實可能存在文化偏見，但也指出當她為其他年齡及背景相近的人編碼時，發現他們「坦率得多，也更容易表達感情。」

根據林格爾博士的評估結果，我必須從全新的角度來思考杜卡基斯的政治生涯。如果編碼結果正確，也許正是逃避型依戀模式賦予他幹勁，讓他自立自強，讓他成為一個成功的州長。不過逃避型依戀也可能是他的總統候選人提名演講難以激勵人心的原因，或許也促使他在電視辯論中回答妻子遭到強暴的假設問題時，不露情緒地說明政策。簡而言之，他辯論時的回答可能根本不是失言，而是誠實反映了他的依戀模式，儘管那樣的回答多數人認為不恰當。

多數政治人物都屬於逃避型依戀嗎？

我向現任與前任國會議員等幾位政治人物提出成人依戀訪談的題目，驚訝地發現每個案例都與杜卡基斯一樣，他們的回答最符合逃避型依戀。

林格爾博士為一位前國會議員的成人依戀訪談編碼後，寫了一張紙條給我。她提出一個問題：逃避型依戀模式可不可能是政治人物的「職業危害」？

這是個有趣的問題，但我確實找到了一個例外：我的家鄉紐約州羅徹斯特的年輕市長洛芙麗・華倫（Lovely Warren）。我到市政府的辦公室拜訪她，詢問她成人依戀訪談的題目時，她已經擔任市長三年了。

2 譯註：約翰・韋恩（John Wayne）是美國知名電影演員，演繹的角色大多極具男子氣概，個人風格鮮明。

她回答題目，回憶童年的重要事件。她的故事有關於愛（一個溫暖的家庭，媽媽會「擁抱與親吻我們，說她愛我們」，爸爸會鼓勵她盡力而為，她難過時會去找爸爸）；有關於失去（十三歲時，她發現父親吸毒，父母分居，人生「開始四分五裂，我的童年就在那一天結束」）；有關於創傷（「我追著爸爸到屋外，他上了車，開車走了，我尖叫：『爸爸，你真的要選擇毒品而不是我？』但他就這樣離開了」）；有關於堅韌（高中畢業後，她獲得法律學位，當上市議會主席，三十五歲當選市長）。

林格爾博士檢視我的採訪文字紀錄，並將這位市長評為安全型依戀。「她為形容詞提供證據……展現脆弱的自我……雖然依戀經歷很痛苦，但她承認這些經歷對她的影響……關於遭到拒絕的辛酸描述……充滿反思與洞見，而且似乎將她的人格同一性從父母身上分開。」

我認為這位市長是典型例子，說明幼年時期培養出的安全型依戀能提供適應力，幫助人們應付在往後人生中會遇上的傷心與損失。我認為大多數政治人物都屬於逃避型依戀，如果我的推論正確，那麼華倫市長就是這個規則的例外。她是具有安全型依戀的領袖，至於她將來是否能利用這個基礎，成為真正的變革型領袖，目前尚言之過早，但確實有這個可能。

當然，幾場隨機採訪不足以做出概括的結論。儘管我家鄉的市長是個例外，但占總人口兩成五的逃避型依戀者，真的可能在政治人物中比例過高嗎？如果真的如此，原因是什麼？有什麼後果？

我能理解逃避型依戀的特質可能成為投身公職的優勢，這類型的人通常自立自強，長時間離家也可以過得很好，對於想投入州政府或聯邦政府公職競選活動的人來說是重要條件。我想起一項以色列調查研究，在參加單打巡迴賽的職業網球選手中，逃避型依戀選手的預測排名較高。該研究指出，職業網球賽是個人的競爭舞台，選手需要單獨作戰，而且必須經常遠離家鄉與親愛的人，這兩個因素都與「自立」有關，或許政壇環境更是如此。

此外，逃避型依戀的人往往不會輕易相信他人，這種特質在看起來充斥著欺詐與背叛的領域可能會帶來額外優勢。前國會議員提姆．佩特里（Tim Petri）贊同：「聽起來頗有道理。」佩特里代表威斯康辛州東部的選區，在聯邦眾議院服務了三十六年，最近才退休。他在國會任職期間，聯邦調查局在一九八〇年代初期執行了名為「阿拉伯騙局」的連串行動，錄下政客接受一家假阿拉伯公司的賄賂並以政治利益做為回報，六位聯邦眾議員與一名聯邦參議員被判有罪。佩特里說：「政治人物必須有絕佳的覺察力來看穿人們的動機，看得出某些事情不對勁。所以那些不願輕易信任他人，並且對過度親密持謹慎態度的人，可能會在關鍵時刻說『這聽起來不對』或『滾開』，好讓自己擺脫麻煩。」

二〇一六年的美國總統大選似乎延續這種模式。

民主黨人希拉蕊．柯林頓傾向於保護自己，也許不是非常信任他人。她擔任國務卿時，使用私人電子郵件伺服器可能就是一個例子。這符合逃避型依戀的特質：自立自強，不隨便信任別人。雖然她的競選演說充滿了政策細節，但大多數人認為她的演說內容較難振奮人心，就像杜卡基斯的演說一樣。希拉蕊顯然難以在選民面前展現所謂的真性情，這也符合逃避型依戀者不願揭露自我的特質。

共和黨人唐納德．川普也表現出符合逃避型依戀的特徵：強烈的自立自強，不承認缺乏自信，提到性關係就吹噓炫耀，而不願稱之為親密關係。他將父母形容得理想完美，儘管有證據證明並非如此。川普很樂意成為鎂光燈的焦點，主要目的是獲得大眾的贊同，這或許是焦慮型依戀的證據，但從他的例子來看更像是阿諛奉承，符合逃避型依戀的特徵。總而言之，這些重要的證據（特別是他的極端自主）顯示，美國第四十五位總統川普與許多政治人物一樣，其主要依戀模式為逃避型依戀。

如果這個假設正確，如果許多政治人物甚至大多數政治人物都屬於逃避型依戀模式，這其中的含意是什麼？可以肯定的是，這不代表我們缺乏有效的政治領袖。麥可·杜卡基斯是成功的公職人員，三度連任，被同儕評選為最佳州長，是國家政策的有力倡導者，至今仍積極參與公共事務，並受到公民與政壇領袖的尊重。

不過，「有力的領導者」與「變革型領導者」不同，後者更為罕見。「變革型」領導風格似乎只屬於那些擁有安全型依戀的政治人物，讓他們可能成為「更強大睿智」的照顧者，特別是在危機時刻提供情感支持，鼓舞民眾，讓屬下與全國支持者都能充分發揮潛能。這裡要再度重述研究人員沙弗與米庫林瑟的評估，這種領袖可以激勵所有依戀模式的公民，讓人擁有「勇氣、希望與奉獻的熱忱。」

逃避型依戀的政治領袖所能造成的最嚴重影響，可能是人民得在很長一段時間內忍受缺乏安全感的領導風格，忍受領導者胡亂行事。大眾可能會缺乏信心，難以感受到和諧與幸福的心情，這種不安可能會導致內鬥，使相互競爭的團體經常爆發衝突。歷史上許多國家都經歷過這種情況。

再次重申，我們只是推測政治人物的依戀模式。我們可以從他們的個人經歷、公開言論，和他們就任時期與卸任後的行為中找到線索，他們的回憶錄或其他家庭成員的敘述是否揭露了童年時期的細節？誰是主要照顧者？他們的關係如何？他們的關係是否發生嚴重決裂？政治人物成年後，他或她通常會認為其他人懷有善意，直到事實證明他們錯了嗎？他們與朋友、同事及工作人員的關係是否穩定並充滿信任呢？他們與配偶或重要他者的主要關係是否健全穩定？政治人物向公眾傳遞的訊息是否振奮人心，能帶給人力量，而不是引發對立？

就算符合上述這些條件，也無法代表那個人就一定屬於安全型依戀模式。舉例來說，許多政治人物維持穩定婚姻的表象，到頭來卻被揭穿是花心大蘿蔔。然而這些因素綜合起來可能可以提供一些跡象，來推測對方是安全型或不安全型依戀。

我們仍然可以在沒有變革型領導者的情況下和睦相處，但如果有這種領袖會更好。在和平時期，變革型領袖可以協助我們找出充滿創意的辦法，來解決複雜的社會問題；在戰爭時期或金融危機時期，我們確實需要「更強大睿智」的男人或女人成為我們的安全堡壘與避風港。基於這個理由，我們更該注意那些有潛力成為變革型領導者的安全型依戀候選人。

13 祢與我同在：依戀與宗教

幾乎空無一人的聖殿[1]靜靜矗立，平安夜兒童禮拜與耶穌誕生表演活動已經結束，子夜彌撒再過一小時才會開始。

我坐在教堂內一張靠背長椅的一端，位在祭壇後方走道約三分之二處，距離祭壇很遠。這座聖殿位在華盛頓特區東北方的美國天主教大學校園內，它是美國最大的天主教堂，也是世界十大天主教堂的其中一座。它的圓頂幾乎和美國國會大廈的圓頂一樣大，它的面積與其羅馬式拜占庭風格的設計足以媲美歐洲的大教堂。然而它並非華盛頓總教區的主教座堂，市中心的聖瑪竇主教座堂才是；這座聖殿是敬奉聖母瑪利亞的聖地，美國多位總統與天主教教宗都曾造訪此地，每年前來參觀的人數超過一百萬人，包括許多前來朝聖

1 譯註：全名為聖母無玷始胎全國朝聖地聖殿（Basilica of the National Shrine of the Immaculate Conception）。

的教徒。

令我好奇的是，從依戀的角度來看，對神的信仰及參加宗教儀式，到底是怎麼回事？依戀模式是否影響了我們的信仰？是否影響我們與神的關係？是否影響我們相信哪個特定宗教？

我從未參加過子夜彌撒。我是猶太人，對我來說，聖誕節意味著中國菜配電影。然而我來到這座聖殿，不僅想探究上述問題，同時也想沉浸於子夜彌撒濃厚的宗教氛圍中。

將神當做依戀對象

對於許多信徒來說，特別是那些信仰一神論宗教的人，其中一個核心思想就是相信神是有「位格」（獨立存在）的，可主動與之建立關係。蓋洛普調查指出，大多數美國人認為自己是藉由「個人與神的關係」來定義自己的信仰。

對於許多基督徒來說，建立關係的對象是上帝；對其他基督徒來說也許是耶穌或瑪利亞。猶太教的神也是如此，人們可與祂建立關係，或是爭論，或是提出質疑，正如亞伯拉罕、摩西，和電影《屋頂上的提琴手》的牛奶商特維耶所做的一樣。

同樣地，研究人員檢視阿拉的神聖特質，例如「保護者」與「答覆者」[2]，並查看《古蘭經》的故事與章節，找到了阿拉具備依戀對象「關鍵特質」的證據。德黑蘭大學的巴蓋爾．葛巴里．博納卜（Bagher Ghobari Bonab）教授等人得出結論：「阿拉發揮了尋求親密、安全避風港與安全堡壘的關鍵依戀功能。」

心理學教授李．柯克派屈克指出，即使是猶太教、基督教和伊斯蘭傳統教義之外的宗教，包括西方文化認為並非基於一神概念發展出來的印度教與佛教，信徒們仍可能會關注「從古代民間宗教引進的個人神靈。」

我在相關文獻中讀到，信徒與神之間的關係可以算是真正的依戀關係，不是譬喻，而是真正的依戀。我對此抱持些許懷疑的態度，認為這種關係被曲解了。我的孩子還很小的時候，我有信仰，我相信神，但後來我無法維持那份信仰。那時我還參加了宗教儀式，唸了禱文，但我的信仰不足以讓我將無形的、看不見的上帝視為依戀對象。

然而也有人認為信徒與神的關係確實能達到依戀模式的五個心理標準，柯克派屈克教

2 編註：在一神信仰中，神並沒有特定的名字，但還是有許多美名，例如伊斯蘭教徒會用九十九個尊名來形容阿拉的各種特質，此為其中兩個。

授在這個研究領域投入大量心力，他的說明如下：

安全堡壘：一個無所不在、無所不知、無所不能的依戀對象，將能提供最安全的安全堡壘。《聖經》常將上帝描述為安全感的來源，例如「盾牌」、「岩石」、「要塞」，其中一篇詩篇明確地說明了這點：「我雖然行過死蔭的幽谷，也不怕遭害，因為祢與我同在，祢的杖、祢的竿，都安慰我。」正如柯克派屈克所說，神為信徒提供了心理上安全堡壘，提供力量、自信和平靜來面對日常生活的挑戰。

安全避風港：約翰．鮑比認為，駭人事件、疾病、傷害和分離等威脅會啟動人們的依戀系統，而人們最有可能在這樣的情況下求助於神，將祂當成安全避風港。俗話說：「散兵坑裡沒有無神論者。」這句話恰當地說明了這個事實——當我們處在危急的情況下，往往會尋求神的安慰，即使我們從未這麼做過。無論是遭到砲火攻擊的士兵、重病的病患、失去摯愛親友的人，無論是新舊信徒，都會從神的身上尋求力量泉源，以求度過艱難時期。

尋求親密：孩子受到驚嚇時需要照顧者的陪伴，但就成年人而言，依戀對象的重要性取決於心理的親近，而不是身體的親近。所以儘管神並未現身，仍能發揮依戀對象的心理功能。比起那些可能會離開或過世的摯愛，無所不在的神能永遠陪在我們身邊。繪畫、十字架、服裝，還有猶太教堂裡的「永恆之光」[3]，在在提醒我們神的存在。我們可以去一些地方，包括禮拜場所、發生神蹟的地點、山頂，讓自己感覺更靠近神。禱告也能尋求親密感，人們在禱告時會覺得自己與神建立了最隱密、親密的關係。

分離與失去：第四與第五個依戀標準（參見第一章），是與依戀對象分離導致焦慮，或失去依戀對象導致悲傷。要「失去神」可能很困難，正如心理學教授彼赫・格蘭奎斯特（Pehr Granqvist）與李・柯克派屈克所說，「神不會死亡，不會出海打仗，也不會申請離婚。」儘管如此，我們還是能了解與神分離的意義：如果我們發生悲劇，認為神遺棄了我們，那麼失去安全堡壘與安全避風港可能會引發焦慮、憤怒和悲傷。在猶太傳統中，與神「切斷[4]」關係是最嚴厲的懲罰。博納卜教授及其同事指出，在伊斯蘭教，「被認為遭到阿拉遺棄」會在信徒之間形成強大的分離焦慮，「就像無法接近依戀對象而痛苦大哭的孩子，信徒與最終的依戀對象阿拉分離時也會痛哭。」在基督教信仰中，與神分離即是「地獄的本質。」《馬竇福音》中也寫道，耶穌曾在十字架上大喊：「我的神，我的

3 譯註：「永恆之光」（Ner Tamid）是掛在猶太教堂裡，日夜保持光明的燈台，象徵神永遠同在。

4 編註：此原文為karet，在猶太法典中不一定是生命的「切斷」，而是靈魂的滅絕以及對來世的否定。

神，為什麼離棄我？」

七苦聖母

聖殿內的階梯上是即將舉行彌撒的地方，兩側是敬奉瑪利亞的附屬小堂。柯克派屈克認為，瑪利亞的強大吸引力來自於「人們感受到……神愛我們就像母親愛孩子一樣。」這也是為什麼儘管人們對教義有了不同的想法，「現代天主教徒仍然是天主教徒」的一個重要原因。記者莫琳・歐斯（Maureen Orth）曾寫道，就連非天主教徒也認為瑪利亞是「母愛、苦難和犧牲的象徵。」當教宗方濟各被問到瑪利亞對他的意義，他簡單明瞭地回答：「她是我媽媽。」

猶太人也有同樣的概念，他們對神的其中一個美名為「Av HaRach-aman」，意思是「慈悲之父」，而希伯來文「慈悲」的字根意為「子宮」。

聖殿裡的每一座瑪利亞小堂皆位在壁凹處，它們是來自世界各地天主教團體的禮物，包括中華聖母堂、進教之佑堂、瓜達露佩聖母教堂等。

在我右手邊是一座名為「七苦聖母」的小堂，裡頭有一座聖母慟子像，由大理石雕刻的真人等比瑪利亞雕像抱著耶穌的屍體。我離開座位，仔細地欣賞。

這座雕象類似米開朗基羅知名的《聖殤》雕像，卻非該傑作的複製品，而是美國藝術家厄涅斯特・莫雷儂（Ernest Morenon）的原創作品，以產自義大利的米白色大理石雕塑而成。耶穌被母親懷抱著，他的頭往後仰，一隻手臂垂在身側；瑪利亞凝視著不遠處，一臉悲傷卻已然接受命運的表情，看起來很平靜。雕像下方有一排文字，寫著：「悲傷的母親，請為我們祈禱。」

這座雕像讓我感動，不是因為它所呈現的宗教張力，而是因為我看著它時，想起了我唯一的姊姊珍。珍比我大七歲，在我小的時候，她總是支持著我，像媽媽一樣照顧我，陪我玩耍。成年後，我們住在同個城鎮，關係依舊親密。父親去世後，要找人取代他成為我的主要依戀對象其實沒有這麼困難，因為我的選擇很少。我目前沒有情人，我沒有其他人可以求助，除了珍。事實上，她就像是母親的替身，從小到大一直是我的依戀對象。

當我失去姊姊時，我還沒走出失去父親的哀慟。她與丈夫飛往佛羅里達度假的途中，他們的私人飛機失壓，導致他們在幾分鐘內就失去了意識。那架飛機以自動駕駛系統飛行四小時後，墜毀在牙買加海岸。兩人都罹難了。

這天晚上是平安夜，也是珍的生日。如果沒發生那場意外，我會打電話給她，祝她生日快樂。我凝視著這座聖母慟子像，想像自己抱著姊姊的屍體，她的棕髮垂落，被埋葬她的那片海洋浸得濕透。

雕像前有一個跪墊，那一刻，我有點想跪下來。珍的驟逝仍是我心頭未痊癒的傷，悲傷的我覺得靠近地面一些也許能讓人感到安慰。然而我是猶太人，跪在地上感覺很陌生且不太恰當，我做不到。

這座小堂旁邊的牆上有個架子，上面放了一排排的大蠟燭，另有一面牌子寫著：「祈禱蠟燭，四美元。」我不確定什麼是祈禱蠟燭，但我很想為姊姊點一根蠟燭。做這類的事讓我覺得一直與她保有親密感。我留著她的照片與一些遺物，包括從加勒比海打撈起來的手機，手機的邊緣都生鏽了。有時我會對她說話，通常是在心裡說。雖然她死了，但我覺得我對她的依戀關係仍舊存在。

跪在地上對我來說很陌生，但點燃蠟燭則否。一項猶太傳統其實來自天主教：每年父母或其他近親的忌日，我們會點一根可燃燒二十四小時的蠟燭。珍的忌日是九月五日。

我將一張五美元的鈔票投入奉獻箱，點了一根祈禱蠟燭。

當我正要轉身離開時，停下來讀了一面匾牌。七苦聖母小堂碰巧在數年前的九月五日落成，與珍的忌日同一天。我簡直不敢相信。

那天晚上我一直感受到那座小堂的吸引力，結果那成為了我理解宗教與依戀的關鍵。

與神的安全關係及不安全關係

聖殿裡有兩座管風琴，總共九千三百六十五根音管，忽然間一齊發出的刺耳聲響讓我嚇了一跳，暫時不再想著姊姊的事。他們正在演奏《聽啊！天使高聲唱》，我對這首聖誕頌歌很熟悉，但沒聽過現場演奏。

總共有三千七百人參加彌撒，將聖殿擠得水洩不通，大家很期待彌撒開始。我猜想，這其中應該有許多人與神有著真正的依戀關係。然而每個人都有各自的依戀模式，那又會如何影響他們與神的關係呢？

研究人員說，人們對待神的關係就像他們對待其他人際關係一樣。換句話說，我們童年早期形塑的「心智模式」，將影響我們長大成人後與神建立的關係。柯克派屈克教授指出：「人們所相信的神或眾神的模樣，以及其與神建立關係的能力，似乎跟一個人與依戀對象的相處經驗一致。」

如果我們擁有安全型依戀模式，並且認為依戀對象是慈愛、值得信賴的，我們就可能將神視為慈愛的保護者，覺得神是可靠的，並相信祂會回應我們的需求。與神相處時所產生的安全感，可以為信徒提供非凡的力量，讓他們度過艱難時期。

擁有焦慮型依戀模式的人往往認為依戀對象不可靠也無法預測，因此他們也有可能以類似的方式看待神。柯克派屈克教授說，某些人對神的關係可能「充滿激烈的情感，全心投入，而且帶有強烈的依賴心理。」相較之下，逃避型的人則有可能是不可知論或無神論者，或是認為神很嚴厲。

這些都是概述，可用來描述大群體，但並不一定不適用於單一個體的例子。儘管如此，當我放眼望著聖殿裡數千名信徒，猜想那晚選擇參加子夜彌撒的人應該大多是安全型或焦慮型依戀者，僅有少部分是逃避型依戀者。

選擇宗教信仰

不過，為什麼我身邊的這些人決定參加天主教會的子夜彌撒，而不是其他宗教儀式？有些人可能是在天主教家庭長大，並選擇繼續當天主教徒，其他人可能是改信天主教。依戀模式會影響我們對宗教的選擇嗎？

研究顯示，依戀會透過兩種主要方式影響我們選擇信仰的宗教（或選擇不信教）。如果父母養育你的方式讓你擁有安全型依戀，而且你眼中的父母是虔誠教徒，那麼你可能會選擇父母所信仰的宗教。請注意，這個模式有兩個條件：父母養育出安全型依戀的孩子，以及父母篤信宗教。格蘭奎斯特與柯克派屈克提醒，篤信宗教的父母若希望孩子信仰同樣的宗教，光是布道與教導教義是不夠的，「孩子很可能充耳不聞，除非父母將體貼照護列為優先事項，滿足兒童對於安全感的需求。」換句話說，如果你是天主教徒，希望孩子長大後也信仰天主教，你不僅得讓他們看到你是真誠的天主教徒，你也得培養他們的安全型依戀。

如果孩子成長於宗教家庭但沒有安全型依戀呢？柯克派屈克聲稱，在這種情況下，成年子女可能會迴避父母所信仰的宗教傳統或宗教本身。他補充說，這些成年子女可能成為「叛教者……或激進的無神論者。」

儘管如此，一些不安全型依戀者在背離了童年時期的宗教信仰後，也有可能改信不同的宗教。這麼做的原因可能是痛苦或失去，例如與戀人分手或摯愛之人去世。**研究顯示，焦慮型依戀的人往往會發現宗教是調節痛苦的有效方法**。其信仰的改變經常充滿了戲劇性，就像突然發現神或耶穌是絕佳的替代依戀對象。

安全型依戀的人改信別的宗教時，過程與不安全型的人截然不同。舉例來說，前者改變信仰通常不會是在和戀人分手之後，而是在建立新的親密關係之後。安全型依戀者改變信仰的過程往往是漸進式，而非突然發生。

格蘭奎斯特與柯克派屈克指出，突然改變信仰的人可能是在神身上發現「與父母從未有過的依戀關係，他們忽然覺得神或耶穌……愛他們、關心他們，能夠忠實地看顧他們……這與他們之前和依戀對象相處的個人經歷完全相反。」對於不安全型依戀的人來說，這樣的想法充滿強烈的情感，或許類似第一次墜入情網。

關於突然改變信仰的研究，大多以基督徒為樣本，但是從非正統猶太教徒變成正統猶太教徒的一項研究中，也發現經歷這種轉變的人擁有高度的不安全型依戀特質。另一項研究發現，比起安全型依戀的女性基督徒，不安全型（特別是焦慮型）的女性基督徒更有可能會描述自己宛如「重生」，或是出現「說方言[5]」的行為。

悲傷的散兵坑

我坐在長椅的一端，這個位置讓我能清楚看見一名白髮老翁在七苦聖母小堂前點燃一支祈禱蠟燭，並且放在我為姊姊點的蠟燭附近。他把錢投進奉獻箱，然後坐在長凳上，低下頭，握著雙手祈禱。他祈禱時，一位年輕女子走了進來，在聖母慟子像前跪下。我羨慕他們的信仰與顯而易見的平靜。

七苦聖母小堂深深吸引著我，我看著那座聖母慟子像時，耶穌的屍身不僅讓我聯想到發生意外後的珍，現在我更發現這座小堂的落成日與她的忌日同一天。父親去世後不久，姊姊也走了，讓我陷入了深深的悲痛中。如果引用那句關於無神論者的諺語，那麼這是一個散兵坑，而我不知道如何離開。

我很好奇，坐在那座七苦聖母小堂前為姊姊祈禱是什麼感覺。我不必跪下，我可以只是坐在祈禱蠟燭前方的長凳上，像那位白髮老翁一樣。

我的長椅距離那座小堂只有二十英尺。我很想那麼做，我渴望得到安慰。但祈禱意味著什麼？從依戀角度來看，那意味著我允許神成為我的安全避風港，意味著我接受神成為我的依戀對象。但我尚無法理解人們與無形之神的關係，所以我抗拒這麼做。即使我可以

5 譯註：原文 speak in tongues 為基督教用語，是指流暢說一串難以理解的聲音，被認為不是對人說的，而是對神說的話。

祈禱，我也不確定猶太人於聖誕節前夕在聖殿中敬奉瑪利亞的附屬小堂這樣做合不合適，但如果我要為珍祈禱，我覺得我必須在那座小堂前祈禱。我在那裡與她產生了連結，我為她點燃的蠟燭此刻仍在燃燒。

突然之間，聖殿裡的燈光全都熄了。我周圍的人似乎並不驚訝，每個人都拿著一支點燃的蠟燭。我記得他們分送著蠟燭，但我沒拿。現在照亮聖殿的就只有三千六百九十九位禮拜者拿著的白色細長蠟燭。天啊，這景象真美。

人們大聲朗讀聖誕宣告，起身唱《平安夜》。直到這一刻，我才真正投入這項儀式。先前感覺太像慶祝晚會了，然而隨著燈光熄滅，周圍的蠟燭亮起，我無法抗拒，並在第二段「牧羊人在曠野」時跟著一起唱。

它樂於歡迎，如此誘人，瑪利亞的形象及其代表的概念安慰著悲傷的我。大家一起歌唱，在黑暗中拿著蠟燭，唱詩班的聲音在管風琴的深沉音調中響起。我著了迷，深受吸引，感覺到一種比我及我所失去的東西更巨大的存在，成為其中一分子讓我深感安慰。

有那麼一刻，我好奇自己是否突然改變了信仰？我很符合這個模式：焦慮型依戀，因為失去依戀對象而悲傷，姊姊的祭日讓我的依戀系統再度啟動。

對我來說（可能對天主教會來說也是），幸運的是，就在那時，一排神父抬著一座十字架上的耶穌像進入聖殿。泡泡破滅了。身為猶太人的我覺得這畫面真的太陌生了，這一刻，魔力消失了。

梵蒂岡駐美大使、大主教嘉祿・瑪利亞・維加諾（Carlo Maria Viganò）穿著白色長袍及紅色無邊圓帽，在這場全球直播的彌撒上，以悅耳的義大利口音說道：「親愛的弟兄姊妹，無論是在這個國家聖殿或是世界各地，我謹代表教宗方濟各，在這個平安夜問候並祝福你們。」

他接著說：「今晚，我們看見神面對聖子的慈悲臉龐……我們一定不要害怕接近神，不要害怕在祂面前傾吐我們的感情。讓祂擁抱我們，讓我們感受祂溫暖的愛，並擦去我們眼中的淚水。」

正是那一刻感動了我。就算無法看見神，我當然還是可以與祂建立依戀關係，就像我已經一年多沒看見姊姊，但我與她仍維持著一種符合依戀標準的關係。我不確定自己是否相信死後的生命，但我確實相信死後的愛。我留著照片及其他物品，我對姊姊說話，藉此維持與她的親密感（尋求親密）。我們的愛讓我保持堅強（安全堡壘），並在我感到壓力時安慰我（安全避風港）。珍過世後，我對她的愛及她對我的愛被保留了下來，就像我們的依戀關係一樣。

到了十一點十五分，燈光再度亮起。聖餐禮後，大家以聖誕頌歌《普世歡騰》結尾，儀式結束。

我沒有事先安排怎麼回家，碰巧遇到要前往同個方向的一對年輕夫婦，大夥同意共乘一輛計程車。

我拜託他們：「請等我一分鐘，請不要離開，我馬上回來。」

七苦聖母小堂裡，六個人正在欣賞聖母慟子像，有些人用手機拍照。

我抬頭凝視抱著斷氣兒子的瑪利亞，然後低下頭。

我心裡想著：「生日快樂，珍。我想念妳。」

我祈禱：「神啊，請讓珍在海底安息吧。」

然後我找到要搭的計程車，上路回家。

散兵坑裡沒有無神論者，但我在那個平安夜發現自己意外深陷悲傷的散兵坑。幸運的是，我接受新的依戀關係，藉此在散兵坑中找到了一些安慰，一部分要歸功於那座讓人心碎的雕像、三千七百支蠟燭，還有兩座管風琴忽然發出的刺耳聲音。離開聖殿時，心中某個概念讓我感到安慰：隨著我們變老，不可避免地失去現實生活中的依戀對象，但至少我們還能擁有一個雖然看不見，但永遠不會離開的內化依戀對象。儘管我置身於陌生的宗教環境，卻已找到了渴望的連結與信念。

與大多數西方國家一樣，美國信仰宗教的人口持續減少。在千禧世代（一九八〇至一九九四年間出生的人）中，有近三成五的人表示他們是無神論者或不可知論者，或說他覺得宗教信仰「沒什麼大不了」。我尊重每個人的信仰，但我也很想知道這三成五的人將來若遇到父母死亡、沒有戀人、姊姊的飛機墜入大海時，他們會怎麼做？欣慰的是，至少我們永遠還有一個選擇。

後記：最重要的十項依戀功課

從我開始探索依戀理論之初，並未預期在這近六年的寫作過程中，我的生命裡會發生幾件與依戀相關的事件，包括我的主要依戀人物，也就是我父親的死亡。不久之後，我的姊姊也突然去世了。雖然我失去了這些親人，但也非常開心參加了兩個女兒的婚禮，並且當上外公。最令人意外的是，我有幸與一位安全型依戀的女子展開一段戀情。

這段旅程的源頭，原是為了了解為什麼我的感情之路總是不順遂。感覺有點悲傷，但回顧起來，我覺得很好。在此之前，我對於依戀研究一點概念也沒有，也不曉得它對人們的重要性。

依戀很重要，它有助於我們了解自己，它解釋了我們經常有的那些感覺與做出那些舉動的原因，特別是我們回應不確定的狀況，或面對恐懼與失去的時候。依戀很重要，它有助於我們了解別人，它向我們展示如何建立與維持親密關係，如何適切地回應別人的猶疑、恐懼和失去。依戀很重要，它有助於我們選擇合作夥伴，並以尊重其依戀需求的方式來對待他們。依戀很重要，它讓我們對父母、伴侶和我們自己更多些寬容。依戀很重要，它指導我們體貼地對待孩子並回應他們。依戀可以算是一種非常棒的新工具，協助所有人創造更美好的生活。當更多人開始了解依戀，並努力讓下一代擁有安全型依戀，等於為自己建立了更美好的世界。

我在這本書裡試著解釋依戀理論，並展示它在我們一生中如何透過各種方式影響我們。我們先前已經討論了各項領域中的依戀，經過反思，現在來重述一些看起來最實際、最有用的重點，提供最大幫助。

一、了解你的依戀模式

依戀測驗能幫助你了解自己個性中的其他方面，它還能協助你了解自己的依戀模式。請做附錄的測驗，或找一位有資格為你提供成人依戀訪談的人，然後利用本書的資訊，更清楚地了解你的依戀模式如何影響你的想法、感受和行為。了解這一點，將能幫助你更適當地調整情緒與行為，並預測自己在某些情況下的反應，特別是那些充滿壓力或威脅的情況。

二、與你的依戀模式共處或想辦法改變

如果你有幸在童年時期獲得安全型依戀，擁有正確的自我價值觀、對親密關係感到自在、適應能力強，並且能維持長期且穩定的伴侶關係，你該為此感到感激。

不過如果你屬於不安全型依戀，也不必絕望，這並非宣判了一生感情不順的命運。一旦你知道自己的依戀模式，了解它如何影響你之後，你可以開始預料這些影響；如果可能的話，請避開那些會導致這些影響的事件；如果無法避開（例如分手、疾病或心愛的人死亡），請學著認識那些狀況，並盡可能控制你的正常反應。

請記住，不安全型依戀模式也有其優點。焦慮型依戀的人對威脅很敏感，他們可以擔任「哨兵」，警告他人有危險；逃避型依戀的人傾向獨立行動，他們可以擔任「快速反應者」，迅速找出解決危機的方案。

三、你可以努力改變依戀模式

雖然多數人確實會以相同的依戀模式度過一生，有些人卻能改變自己的依戀模式。正如第二章所述，不安全型依戀的人可能成為「習得的安全型依戀」，這種改變可能來自於

長期給予你支持的成年人（例如教師、心靈導師、教練），可能來自於治療或深刻反思，可能來自於養育兒女的經驗，可能來自於安全型依戀的配偶或戀人。

四、努力讓你的孩子擁有安全型依戀

正如第六章討論的一樣，我們不必接受依戀教養的所有做法，但我們也不能忽視「嬰兒有依戀需求」這個事實。如果我們要培養情緒健全的孩子，那麼至少在孩子一歲半到兩歲之前，必須有一位穩定且維持不變的依戀對象陪在他身邊。這個依戀對象可能是母親、父親、（外）祖父母或保姆，不限定性別或身分，但必須有人這麼做。

這麼做不是要一直黏著孩子或繞著他打轉，而是我們與孩子相處時需要時時保持敏銳與「同調」，並確保照顧孩子的人也能保持同調。依戀教養的核心方法（餵母乳、嬰兒背巾、一起睡覺）有助於與嬰兒維持親密感，這樣一來，我們就能慢慢學會如何正確解讀其暗示並做出回應。

兒童與家庭臨床醫師葛蘭・庫柏說：「孩子出生時沒附使用說明書，他們本身就是使用說明書。行為是他們表達需求的方式。」

五、請記住，其他人也會受依戀模式影響

我們的行為反映了自己的依戀模式，其他人的行為也是如此。如前所述，如果我們認知到這一點，將有助於解釋朋友、同事或運動隊友的行為。

無論是向朋友吐露情感、結交辦公室密友，或者把球傳給籃球場上的其他人，逃避型依戀的人都會覺得較不自在。另一方面，焦慮型的人可能會對朋友表露太多，如果他們被排除在工作會議之外會過於敏感，對球場上的輕傷也有可能反應過度。

如果我們記住並能看出某些行為只是別人的依戀系統發出的信號，就可以幫助他們滿足他們的依戀需求，或者至少讓他們放鬆一些。

經驗法則：**為逃避型依戀的人提供更多空間，讓焦慮型依戀的人更放心**。

六、利用依戀知識，找到適合的對象

尋找戀人沒有神奇公式，但浪漫的愛情是一種成人的依戀形式，因此事先了解對象的依戀模式感覺很合理。

如第五章所述，即使是第一次約會，你也可以試試評估對方的依戀模式。一般來說，安全型依戀的人很好相處，樂觀，放鬆，跟他們交談很愉快。他們不會隱瞞個人資訊，但也不會過度表露自我到讓人感覺過於熱切。相較之下，逃避型依戀的人不會談論感受或私事，而是會把焦點放在事物上，例如他們的工作或最喜歡的體育隊伍，但無關乎個人或內心想法。焦慮型依戀的人可能很風趣迷人，但不一定是因為對約會對象感興趣，而是因為他們害怕遭到厭棄，渴望對方喜歡他們並為他們提供安全感；他們較容易太快就表露太多自我，因此讓人覺得他們很黏人。

無論一個人擁有什麼樣的依戀模式，他都有可能成為一個好伴侶。但某些依戀模式的組合確實能相處得更好，而逃避型依戀者與焦慮型依戀者配對（焦慮逃避型困境）最容易破局。如果雙方都意識到對方的依戀需求，並願意配合，這段感情就能維持下去；如果雙方沒付出努力，就可能導致分分合合的不穩定關係。總體來說，當其中一方屬於安全型依戀，那就是最佳組合。心理學教授哈利．萊斯說：「如果你可以找個安全型依戀的伴侶，你就領先五步了。」

七、利用依戀知識來挽救感情

當一對夫妻未能滿足彼此的依戀需求，當他們未能成為彼此的安全避風港與安全堡壘，這段關係就會受到威脅。加拿大心理治療師蘇・強森明確指出，爭吵其實是在抗議感情疏離，這就是為什麼強森會開發「情緒取向治療」這種以依戀理論為基礎的婚姻治療方法。

強森解釋，治療師執行情緒取向治療時，協助將夫妻拉回適當的情感連結，並重新建立安全感的聯繫。現在國內外有數以千計的治療師接受了情緒取向治療的訓練，從數據結果來看，成功率極高。許多治療師在治療個別客戶時也使用相同的原則。

若想尋找情緒取向治療訓練的諮詢師，或是找培訓資料、影音檔與其他支援服務，請參考網站 iceeft.com。

除了依戀理論影響個人的方式，它對整個社會也具有重要的政治意涵與道德意義。肯尼士・科爾沃（Kenneth Corvo）教授與艾倫・德萊拉（Ellen deLara）教授指出：「依戀理論提出的問題是社會如何好好培養『人』。」他們想問的是，我們的社會是否有完善的組織，來支持兒童與照顧者之間的健全情誼？

關於這些重要的社會議題，以下是我最後的三項依戀功課：

八、支持親職教育、帶薪育嬰假、日托機構

英國心理治療師約翰・鮑比發展出依戀理論，他在後來的一篇論文批評現代培養情緒健全兒童的社會價值觀，他表示：「致力於物品生產的男女在所有的經濟指標中都算有利因素，而那些致力在自己家中培養快樂、健康、自立孩子的男女根本不受重視。我們創造了一個顛倒的世界。」

要想「從頭」糾正這個「顛倒」的世界，就該提供更好的親職教育。如今的父母知道了疫苗接種、安全玩具和汽車座椅的正確使用方式，但他們可以從何處學會敏銳地察覺寶寶的需求並予以回應？這些主題與依戀理論應該成為正規親職教育的一部分，趁早開始並不是壞主意，甚至或許可以規定高中開始就要上親職教育課程，或是讓其成為定期產前護理的一部分。

嬰兒出生之後，很少有什麼比父母親始終如一的照顧來得更重要，特別是在最初的十八個月到兩年之間，這是形成依戀的關鍵時期。不過在已發展國家中，只有美國的父母少有資格享有帶薪育嬰假。目前聯邦《家庭與醫療假法案》規定十二週的無薪假，但僅適用於僱用五十人以上的公司之全職員工。幸好，一些州訂立了更慷慨的條款，現在有些私人公司會提供有薪假，尤其是高科技公司，例如亞馬遜（二十週）、谷歌（五個月）、思科（五個月），比爾及梅琳達·蓋茲基金會則提供一年的帶薪假。無論是地方政府、州政府或聯邦政府，我們都應該支持那些鼓勵帶薪育嬰假且財政上可行的措施。

日托照顧也需要大眾更多的支持。兒童發展專家往往對一歲以下的嬰兒接受日托照顧持謹慎態度，但他們很有信心地認為，讓幼兒與年齡較大的兒童接受日托照顧，加上敏感教育（學習敏銳察覺寶寶的需求），可能會是在職父母的好選擇，甚至有益於安全型依戀的發展。前提是日托機構的員工素質優良（能正確解讀孩子的需求）、員工與兒童的比例高（一位員工照顧三名嬰兒，或一位員工照顧四名三歲以下的兒童）、兒童被分配到特定的照顧者，以及人員流動率低。

然而目前美國多數的日托照顧構無法達到這些標準，尤其是貧困兒童去的日托機構。研究指出，只有不到一半的托育中心符合美國公共衛生協會與美國小兒科學會的最低標準，其中大多數被評為差勁或普通。我們必須支持相關的立法或公司政策，讓日托機構變得更多、更平價且品質更好。

九、幫助混亂型依戀的高風險孩子

當嬰兒害怕自己依賴或提供保護的對象時，這名嬰兒很可能會產生混亂型依戀。一般人口中，大約只有百分之五的兒童被歸類為混亂型依戀，但是在那些過著貧窮日子或是遭到忽視、虐待的高風險兒童中，屬於混亂型依戀的比例占八成以上。

正如第三章所討論的，有混亂型依戀與多重人格障礙的孩子，往往缺乏社交技巧與控制自我行為的能力，無論是從啟蒙計畫或幼兒園一直到高中，他們都難以有優異的表現。他們表現出敵意、反抗、侵略行為的機率比較高，在青春期與剛成年那段時期，這種依戀類型也可能成為違法行為及暴力犯罪的風險因素。

正如精神科醫生湯瑪斯・路易斯博士及其同事所言：「極少獲得照顧的孩子長大後可能危害這個疏忽的社會……那些原本可以健全發展的神經系統遭到破壞，造就了這些復仇的鳳凰。」

然而研究人員已經發展出干預方法，經過仔細研究，這些方法已被證明可將混亂型依戀轉變為安全型依戀，其中包括「親子精神治療」，治療師每週一次至受訪者家中與母親及嬰兒會面，計畫為期一年。研究結果顯示，混亂型依戀的兒童人數減少逾半。另一項計畫「安全圈」也顯示出良好效果，讓幾組家長參與工作坊了解依戀理論及教養技巧。

高風險兒童的混亂型依戀不僅讓這些兒童及其家庭付出巨大的代價，也讓社會付出相當的成本。干預計畫所費不貲，但比起處理輟學、違法行為、暴力犯罪的社會成本，這些計畫可說非常值得。而我們該做的就是敦促民選的當地官員、州官員和國家官員慷慨資助這些計畫。

十、承認我們都需要依戀

大多數成年人不了解自己的依戀需求，事實上，就連承認依戀需求也與美國社會對「成年」的觀念背道而馳，獨立自主才是高度成熟的表現，「依賴」反而成為一種弱點。然而鮑比認為「有效的依賴」（彼此依賴）以及向他人尋求情感支持是「人類的本能」，也是力量的標誌與來源。

如果我們能承認並接受自己對情感連結與支持的需求，相信我們可以建立一個更健康也更幸福的社會。人們的態度無法一夜改變，但我們可以採取實際的步驟，朝目標前進。例如籌劃與管理社區的人可以少強調自給自足，多強調敦親睦鄰。名為「新都市主義」的都市規劃運動是充滿希望的開始，它提倡適合步行的社區與更靠近街道的房屋，這種房子通常有前廊，亦即共用的綠色空間。此外，還有專為年輕創業者提供共享工作空間的「WeWork」，以及有共用廚房與社交空間的共享公寓，深受年輕人及老年人歡迎。某些社區最近也推出「玩具室」與「工具室」等新點子，鼓勵人們集中資源，聯絡感情。

然而只有當人們都願意正視自己的依戀需求時，這個社會才會真正開始改變，不再否認我們的生物天性與我們最渴望的事物（情感連結）。透過相互依賴，方可以成就最強大的自我。

看著自己的孩子受苦讓人心痛，但與此同時，我很感激女兒薇樂莉允許我和她的丈夫、姊姊、母親一起進入產房，見證她的第一個孩子出生。數年前，我在薇樂莉的大學心理學教科書上首次讀到依戀理論；現在，六年後，在這間產房，我即將見到依戀過程起點的真實表現。

薇樂莉分娩時，我感到謙卑又興奮：謙卑是因為我對於緩解女兒的痛苦無能為力；興奮是因為目睹了自己的第一個孫輩誕生，這真是奇蹟！

接著，一個小女嬰忽然降臨，一個沒有能力照顧自己的新生兒。我看著她開始用眼睛搜尋，揮著手臂，哇哇大哭，這一切都是為了找到照顧者並依附對方，尋求保護。新生兒是我的外孫女，照顧者是我的女兒，這是一種快樂與奇蹟，為我的依戀知識帶來了全新的意義。

片刻後，嬰兒趴在母親的胸前，肌膚相親。我看著薇樂莉以保護的姿態抱著寶寶，她看著寶寶的眼睛，輕輕地調整位置讓寶寶吮奶。那一刻，我回想起自己聽過一位依戀研究人員建議：如果你想感受一名嬰兒如何看待母親，請聽喬庫克（Joe Cocker）演唱的《你是如此美麗》，那就像是孩子唱給母親聽的一樣。

一年多後，當我完成這本書的編輯工作，我的大女兒莎拉與丈夫也有了他們的第一個孩子。經過漫長的分娩過程，他們幸運地生下一個健康的兒子。當我看著這對母子，深深覺得另一種協調與深情的依戀連結即將展開，並對此驚嘆不已。

我的兩個女兒與丈夫為孩子選擇的名字，讓這些幸福變得更美好：女嬰兒取名為瑪雅珍，這是以我的姊姊來命名；男嬰取名為安德魯，這是以我父親來命名。透過這兩個新生命，我在寫這本書時失去的兩個依戀對象都獲得紀念。

我有機會經常看到這些小寶寶，並為此感激不已。當我看著他們成長，看到他們的父母努力滿足他們的依戀需求，我祈禱他們及世界各地的所有嬰兒都能擁有安全型依戀，並從中獲得自信、適應力和愛人的能力，這將是他們一輩子的禮物。

致謝

這本書能夠順利出版，我必須感謝很多人。一切始於約翰·鮑比，他發展出依戀理論，我有機會試著傳達其傑出著作的基本知識，這是我的榮幸。我多希望自己能親自當面向他道謝。

在我的家鄉紐約羅徹斯特，人們友善又樂於助人，而羅徹斯特大學的哈利·萊斯教授人好得超乎預期。他不僅歡迎我到他的教室上課旁聽，還花了數個傍晚耐心地回答我的問題，閱讀並評論了三百多頁的文稿，還幫我寫了推薦序。我非常感激他的協助與支持。

我也要感謝許多國內外頂尖的依戀研究人員，謝謝他們付出耐心與時間，協助我了解他們的研究領域。這些學者包括馬馬里蘭大學的茱德·卡西迪，她是最早帶領我了解童年依戀的人，也是我最寶貴的指導者；還有加州大學戴維斯分校的菲利普·沙弗，與以色列赫茲利亞跨學科研究中心的馬利歐·米庫林瑟。

我也要感謝馬里蘭州銀泉市的臨床精神科醫師馬里修·克提納，謝謝他為我執行成人依戀訪談及數十小時的有益對話。我要謝謝列赫茲利亞跨學科研究中心古瑞特．伯恩鮑姆，謝謝她對依戀與性行為的洞見。我要謝謝維吉尼亞大學的詹姆斯．柯恩，謝謝他讓我在夏洛蒂鎮度過刺激的一天。我要謝謝緬因州波特蘭的蘇珊．巴里斯，謝謝她分享為陌生情境編碼的專業能力。我要感謝馬里蘭州銀泉市的芮娜．伯納茲，謝謝她分享運用情緒取向治療的婚姻諮商知識。

我要感謝渥太華的情緒取向治療開發者蘇．強森，謝謝她精闢的建議。我要感謝蕭莎娜．林格爾，謝謝她的成人依戀訪談評分技巧，謝謝她對許多問題縝密思考後的回答。我要感謝茱莉．波特，謝謝她正確快速的繕打，也要感謝我在華盛頓特區波士特麻州大道家庭辦公室的穆西．塔德塞，及所有提供支持的親切工作人員。

我要感謝的其他研究人員包括聯合學院的約書亞．哈特、康乃爾大學的辛蒂．哈珊、麻薩諸塞大學阿默斯特分校的寶拉．彼得羅莫納科、哥倫比亞大學的阿米爾．樂維、紐約費爾波特的保羅．霍斯。我要感謝英國巴斯大學的山姆．卡爾，謝謝他在體育與依戀的開創性研究。我要感謝曼徹斯特英國體育學院的艾略特．紐威爾。

紐約羅徹斯特的希望山家庭中心是重要的研究中心與寶貴的公立診所，我要感謝執行長雪莉．托斯、臨床主任喬蒂．曼利、研究主任弗雷德．羅戈施和許多治療師。同樣在羅徹斯特，我要感謝門羅郡小兒科與探視中心的相關人士，謝謝他們讓我觀察那間優秀的設施，特別是艾倫・麥考利、莫伊拉・斯拉齊和黛博拉・羅森。我還要感謝羅徹斯特大學醫學中心的羅賓・艾代爾醫師，也要感謝家庭諮詢師大衛・施瓦布。

很多人為我撥出時間，並且信任我，把故事告訴我。在羅徹斯特，這樣的人包括艾麗莎・維克斯（治療師、陪產員、教練）、馬蒂亞斯・皮瓦史、包學誠、獸醫史考特・麥納、帕德梅・利文斯頓；在華盛頓特區的克里斯・威爾森、瑞秋・皮特森、珍妮佛・芬克，和超棒夫妻檔蒂芬妮與艾德加，以及在「快樂冰棒」咖啡館的羅傑・霍羅威茲、布萊恩・希柯拉、漢娜・史密斯、班・泰倫、亞倫・史提利、艾蜜麗・普雷特；在華盛頓特區艾德拉維奇猶太人社區中心的健康與健身總監安得魯・迪克森、馬歇爾・柯恩與籃球隊的所有人。

我要感謝馬蒂・林斯克、艾倫・波斯納、諾姆・奧倫斯坦，感謝他們在依戀與政治問題的協助。我要特別感謝前麻州州長麥可・杜卡基斯，謝謝他接受私人採訪。我也要感謝前聯邦眾議員提姆・佩特里、前聯邦眾議員米契・愛德華茲、前聯邦眾議員露易絲・斯勞特、羅徹斯特市長洛芙麗・華倫。

我要感謝華盛頓特區美國天主教大學的蒙席史蒂芬・約瑟・羅塞蒂，謝謝他在依戀與宗教問題的協助。

我也要感謝伊麗莎白作家中心提供了支持持續寫作的工作空間，並隨時提供熟練的編輯協助。我要感謝土耳其無花果、烤南瓜籽、超美味迷你摩卡杏仁夾心棒、全食超市鱈魚角混合堅果、克朗代克牌冰棒，謝謝它們讓我以一種不同且美味的方式支撐著我，尤其是在初稿創作時期。

派翠西亞．麥克拉蕊與蓋爾．霍斯金為最初的章節草稿提供了有用的評論。編輯莎拉．佛林熟練地協助我將初稿塑造成書籍的形式。

席拉．克萊伯在最後階段才加入這項計畫，但表現亮眼，她檢查與改正了出處註明，協助文字編修，總體而言，她改善了我寫的所有內容。

我還要感激兩位出色的老師，克雷頓．巴德．歐戴爾與伊莉莎白．哈特。我為這本書做研究時，巴德與妻子潔西熱情地歡迎我進入他們在北卡羅萊納州的家。我在此與潔西及其家人一起哀悼最近逝世的巴德。

那些重視清晰思維與簡練文字的讀者，將與我一起感謝一群忠誠而且有耐心的好朋友，他們為多個草稿的每一章做出評論。我寫的內容能出版都要歸功於他們的協助。

感謝拜倫．魯賓，從我開始著迷於依戀理論，他就一直支持著我，他的堅定友誼與持續的鼓勵是任何人都夢寐以求的東西。

感謝南西・漢尼森，她的編輯技巧與機智讓人驚嘆，我透過電話將整章讀給她聽，我們一起深入分析，這是一大樂事。

感謝艾莉莎・席格，我很感激能認識她，謝謝妳的「安全檢查站」，感謝妳每一次的編輯，尤其是妳恰如其分的寫作，讓我獲得讚譽。

感謝我一生的好友、拉比大衛・卡茲，他的智慧、敏銳的編輯眼光、博愛、幽默，讓我在書中往往聽起來比我本人更聰明討喜。

我也有幸擁有優秀的自家讀者與編輯。我要感謝莎拉・羅文海姆・高德法布、薇樂莉・羅文海姆・阿達基、班・羅文海姆、歐倫・阿達基、查克里・高德法布、瑪麗・羅文海姆，謝謝他們自始至終的實用建議、深刻見解、持續的鼓勵、寶貴的建議，我很感激能與你們擁有親密的關係。

我要感謝出色的經紀人，作家之家的傑瑞・托瑪，當事情看起來不確定，謝謝你再次堅定地全力支持我。我要再次感謝你，一切都圓滿完成。

我要感謝編輯瑪麗安・利茲，謝謝妳接受這個出書計畫；我要謝謝妳，我們再度合作非常愉快，也謝謝妳讓我出版的文字遠比原來的更好。

最後，我要告訴我的外孫與外孫女瑪雅珍、安德魯、塔莉亞，還有即將出生的外孫子女，雖然我只能陪你們走一小段人生旅程，但我希望這本書的內容或許能指引你們前進，讓你們的路途更加平順。

詞彙表

成人依戀訪談（Adult Attachment Interview，簡稱為ＡＡＩ）：一種結構化的訪談，訪談時間為一小時，旨在評估成人的依戀模式。

焦慮型依戀模式（Anxious attachment style）：一種不安全型依戀類型，往往是因為照顧者不恰當或不一致地回應孩子的需求所導致。當孩子不確定父母或其他主要照顧者是否可以滿足他的需求，就容易形成這種依戀模式。焦慮型依戀的人通常渴望來自感情伴侶的強烈認可、回應和親密關係，卻難以信任對方並不斷尋求保證。

依戀對象：為另一個人提供依戀關係基本要素的人。依戀對象是「安全堡壘」，讓人們從安全堡壘出發去探索；依戀對象也是「安全避風港」，當人們感到恐懼或受傷時可以返回。依戀對象也是人們努力想維持親密關係的對象。與依戀對象分離會造成痛苦，往往伴隨著抗議，而失去依戀對象通常會導致悲傷。

依戀模式：一個人在童年時期與照顧者互動而形成的核心情感或人格結構，依戀模式繼而創造了關於人際關係的一系列信念與期望，並成為後來親密關係的原型。

逃避型依戀模式（Avoidant attachment style）：一種不安全型依戀類型，往往是因為照顧者長期未能提供敏銳可靠的照顧所導致。這種依戀類型的兒童不認為父母或其他主要照顧者能夠滿足其需求，以致長大後很難相信他人，並極度渴望獨立，認為自己不需要親密關係。

混亂型依戀模式（Disorganized attachment style）：一種不安全型依戀類型。如果嬰兒害怕他們賴以獲得保護與支持的照顧者，就有可能會形成這種依戀類型，大多是出於疏忽或虐待，或是因為這些嬰兒是孤兒或住在收容機構，普遍缺乏照顧。這種依戀模式的人極度焦慮，同時也極度逃避。這種依戀類型約僅占總人口的百分之五，高達八成的受虐兒屬於這種依戀模式。

習得的安全型依戀（Earned secure）：表示某個孩子原本應該因為不可靠或無反應的照顧而產生不安全型依戀，成年後卻擁有安全型依戀。可能是因為與某個足以成為心靈支柱的成年人（如教師、心靈導師、教練）建立了長期關係，或是透過治療或深度反思，或是與安全型依戀的配偶或戀人建立長期關係，而使之習得安全型依戀。

親密關係體驗量表（Experiences in Close Relationships quiz，簡稱ＥＣＲ）：這項問

卷有三十六個題目，受試者根據親密關係進行回答，藉此評估其成人依戀模式。

尋求親密（Proximity seeking）：依戀關係的其中一項定義標準。嬰兒為了維持肢體接觸或至少身體靠近主要照顧者所做的努力。成年人也做了類似的努力以保持聯繫，或者至少知道伴侶與其他依戀對象的行蹤。

安全避風港（Safe haven）：依戀關係的其中一項定義標準。就嬰兒來說，當嬰兒確信自己面臨壓力或威脅時，可以向擔任安全避風港的父母或照顧者尋求安全與慰藉。就成人而言，有必要時，擔任安全避風港的人是提供保護與支持的可靠來源。

安全型依戀模式（Secure attachment style）：安全型依戀的孩子相信父母或其他主要照顧者會滿足其需求，這往往是因為照顧者適當並一致地回應孩子的需求。安全型依戀的個人面對挫折時，往往適應力強，具有很高的自尊心（但不過度膨脹），能夠好好地表達自己的需求，對於親密關係感到自在，傾向於信任他人，通常能擁有穩定的長期關係。

安全堡壘（Secure base）：依戀關係的其中一項定義標準。對嬰兒而言，父母或照顧者發揮了安全堡壘的作用，讓嬰兒覺得探索與掌握環境很安全。對成年人而言，如果一個人與另一個人維持穩定的關係，而這段關係讓這個人覺得冒險追求目標很安全時，對方就發揮了安全堡壘的作用。

陌生情境（Strange situation）：發展心理學家瑪麗・安斯沃思設計的實驗室程序，用於評估大約一至兩歲幼兒的依戀模式。

附錄：依戀測驗

親密關係體驗量表[1]

本量表由依戀理論研究者所設計，共包含三十六個題目，旨在幫助受試者評估自己的依戀模式。題目內容是關於受試者在親密情感關係中會產生的感受，需根據自己「通常」的經歷來作答，而非僅根據目前這段感情關係中發生的事作答。請以1到7的數字表達你對該題目內容的感受，1表示非常不同意，7表示非常同意。

量表的計分方式十分複雜，最簡便的方法就是上線填寫，系統會自動統計你的分數，並呈現圖表與分析。

線上親密關係體量表請見 www.web-research-design.net/cgi-bin/crq/crq.pl。

1. 與伴侶保持親密的關係，對我而言並不難。
2. 我經常擔心伴侶不想和我在一起。
3. 我經常擔心伴侶不是真的愛我。
4. 我會向伴侶尋求協助，而且這麼做的確有幫助。
5. 我經常希望伴侶對我的情感能像我對他的情感一樣強烈。
6. 我和伴侶之間的關係令我感到憂心。
7. 我會和伴侶商量事情。
8. 當我向伴侶表達情感時，我擔心他對我沒有相同的感覺。
9. 我不怎麼擔心伴侶會離開我。
10. 我的伴侶好像只有在我生氣時才會注意到我。

---

1 作者註：原出自 Kelly A. Brennan, Catherine L. Clark, and Phillip Shaver, “Self-Report Measurement of Adult Romantic Attachment: An Integrative Overview,” in Attachment Theory and Close Relationships, eds. Jeffrey A. Simpson and Steven Rholes (New York: Guilford Press, 1997), 46–76. 後修正於 R. Chris Fraley, Niels G. Waller, and Kelly A. Brennan, “An Item-Response Theory Analysis of Self-Report Measures of Adult Attachment,” Journal of Personality and Social Psychology 78, no. 2 (2000): 350–65. 本書附錄問卷採用後者改編版本。

11. 我可以自在地依賴我的伴侶。
12. 我不怎麼擔心自己會被拋棄。
13. 我的伴侶讓我對自己產生懷疑。
14. 我發現我與伴侶的關係並不如我想要的那樣親近。
15. 我擔心我會失去伴侶的愛。
16. 我對親密關係的渴望有時會嚇跑別人。
17. 我擔心自己配不上其他人。
18. 依賴伴侶對我來說是件容易的事。
19. 我寧可不要向伴侶表達我內心深處的想法。
20. 我能自在地與伴侶分享我的想法與感受。
21. 我擔心我的伴侶不像我在乎他一樣地在乎我。
22. 我發現自己很難依賴伴侶。
23. 我擔心一旦伴侶認識真實的我，他就不喜歡我了。
24. 與伴侶保持親密讓我感到很自在。
25. 對伴侶敞開心胸讓我感到很不自在。

26. 我寧可不要與伴侶太過親密。
27. 當伴侶想與我親近時，我會感到很不自在。
28. 親近伴侶對我來說是件相對容易的事。
29. 我常會與伴侶討論自己遇到的問題與煩惱。
30. 我會與伴侶分享一切的想法。
31. 有時伴侶對我的情感會無緣無故出現變化。
32. 見不到另一半時，我會擔心他可能對別人產生興趣。
33. 伴侶太靠近我的時候，我會很緊張。
34. 向伴侶示愛對我來說是件容易的事。
35. 如果我無法從伴侶身上獲得情感與支持，我會很生氣。
36. 我的伴侶能夠真正理解我和我的需求。

編註：依戀心理學相關研究中，也有其他種評測依戀模式的方式，讀者可至財團法人華人心理治療基金會網站，進行免費測試：

人際依附風格測驗 https://www.tip.org.tw/evaluatefree11

愛情依戀量表 https://www.tip.org.tw/aabti

資源與延伸閱讀

依戀理論

美國部分大學附設的依戀理論研究室專門執行那些經常招募志願者的實驗，訓練研究生，並且發表研究成果。一些研究室還會為治療師與相關領域的人提供培訓。

- Adult Attachment Lab, University of California
  http://psychology.ucdavis.edu/research/research-labs/adult-attachment-lab
- Maryland Child & Family Development Lab, University of Maryland
  http://www.childandfamilylab.umd.edu/index.html
- Center for Attachment Research, The New School for Social Research
  http://www.attachmentresearch.com/
- SUNY Stony Brook Attachment Lab
  http://www.psychology.sunysb.edu/attachment/

- Ainsworth Attachment Clinic, University of Virginia
  http://theattachmentclinic.org/

延伸閱讀

- *A Secure Base* by John Bowlby (Basic Books, 1988)
- *Becoming Attached* by Robert Karen (Oxford University Press, 1998)
- *Attachment in Adulthood*, 2nd edition, edited by Mario Mikulincer and Phillip R. Shaver (Guilford Press, 2016)
- *Handbook of Attachment*, 3rd edition, edited by Jude Cassidy and Phillip R. Shaver (Guilford Press, 2016)

兒童發展與教養

依戀教養提倡的實踐方式（嬰兒背巾、餵母乳、一起睡覺），旨在打造親子之間的健康情感連結。依戀教養可能有助於培養自己的敏銳度，讓自己更靈敏地回應嬰兒的需求，但照顧者不必贊同依戀教養的所有準則。有用的網站如下：

- Attachment Parenting International: www.attachmentparenting.org/
- Babywearing International: babywearinginternational.org/
- La Leche League: www.llli.org/ab.html?m=1
- Mother-Baby Behavioral Sleep Laboratory at Notre Dame University: cosleeping.nd.edu/

延伸閱讀

- *The Attachment Parenting Book* by William Sears, M.D. and Martha Sears, R.N., (Little, Brown and Company, 2001)
- *Being There: Why Prioritizing Motherhood in the First Three Years Matters*, by Erica Komisar (Tarcher/Perigee, 2017)
- *The Mother-Infant Interaction Picture Book: Origins of Attachment*, by Beatrice Beebe, Phyllis Cohen, and Frank Lachmann (W. W. Norton & Company, 2016)

婚姻諮商與個別治療

國際情緒取向治療人才中心位於加拿大渥太華，這種婚姻諮商方法由蘇・強森博士所開發，並且以依戀理論為基礎原則。許多接受情緒取向治療訓練的治療師治療個別客戶時也會使用相同的原則。若想尋找情緒取向治療訓練的治療師，或是找培訓資料、影音檔與其他支援服務，請參考網站 iceeft.com。

延伸閱讀

- *Hold Me*, Tight by Dr. Sue Johnson (Little, Brown and Company, 2008)
- *Love Sense: The Revolutionary New Science of Romantic Relationships*, by Dr. Sue Johnson (Little, Brown and Company, 2013)

約會

親密關係體驗量表共有三十六個題目，內容關於你在親密情感關係中的感受，是評估依戀模式最快速、方便的方法。如果對方願意，你可以藉此測驗來評估對方的依戀模式。

問卷題目請見附錄，如果你要讓電腦自動計算結果，並在圖表上說明結果與分析，請參考 www.web-research-design.net/cgi-bin/crq/crq.pl，並選擇 Survey B。

延伸閱讀

- *Attached: The New Science of Adult Attachment and How it Can Help You Find—and Keep—Love*, by Amir Levine and Rachel S. F. Heller (Jeremy P. Tarcher/Penguin, 2010)

國際組織

這些組織籌劃關於依戀研究的國際會議，報告最新研究結果，並促進人們對依戀理論的理解與使用。有用的網站如下：

- The Bowlby Centre: thebowlbycentre.org.uk/
- International Association for the Study of Attachment: www.iasa-dmm.org/
- Society for Emotion and Attachment Studies: www.seasinternational.org/

評估依戀模式

成人依戀訪談被認為是衡量成年人依戀模式的最佳方法，如果你要找經過認證的訪談執行人，請上網站 attachment-training.com，或寄電子郵件給「成人依戀訪談訓練員同盟」（AAI Trainers Consortium）的窗口娜歐蜜・葛莉布諾・巴姆（ngbReliability@gmail.com）。

另一個選擇是填寫親密關係體驗量表（參見附錄），它衡量的因素不同於成人依戀訪談，但也提供了依戀模式的一般衡量標準。如果你要接受測驗，讓電腦自動計算結果，並在圖表上說明結果與分析，請參考 www.web-research-design.net/cgi-bin/crq/crq.pl，並選擇 Survey B。

如果要測量兩歲以下兒童的依戀模式，則是透過「陌生情境」的實驗室程序（參見第三章）。你可以在 https://youtu.be/QTsewNrHUHU 這段影片（及許多其他影片）看到實驗過程。

請注意，「陌生情境」並非是評估個別兒童依戀模式的有效方法，因為這個程序是為了大量兒童的研究所設計，並對這些群體具有統計學的有效性，但不是任何一個孩子在任何一天的準確率都是百分之百。例如測驗當天，孩子可能感到疲倦，父母可能覺得壓力很大，或者陌生人可能與那名孩子的關係不好。因此，如果父母希望了解孩子的依戀模式，但不是透過陌生情境，那麼他們應該找一位專業的兒童與家庭諮商師，他最好擅長依戀理論，並且熟悉評估不同年齡層孩子的依戀模式。諮商師根據孩子的年齡與家庭情況，可以結合不同方法來評估個別孩子的依戀模式，這些方式包括觀察孩子、與父母聊天、利用「故事樹幹」（結合娃娃遊戲來講故事）等診斷工具。

參考文獻

- Amir Levine and Rachel S. F. Heller, *Attached: The New Science of Adulthood Attachment and How it Can Help You Find—and Keep—Love* (New York: Jeremy P. Tarcher/Penguin, 2010)
- John Bowlby, *Attachment: Attachment and Loss*, vol. 1 (New York: Basic Books, 1969)
- Thomas Lewis, Fari Amini, and Richard Lannon, *A General Theory of Love* (New York: Vintage, 2001)
- Tsachi Ein-Dor, Mario Mikulincer, and Phillip R. Shaver, "Effective Reaction to Danger: Attachment Insecurities Predict Behavioral Reactions to an Experimentally Induced Threat Above and Beyond General Personality Traits," *Social Psychological and Personality Science* 2, no. 5 (2011)
- Lee A. Kirkpatrick, *Attachment, Evolution, and the Psychology of Religion* (New York: Guilford Press, 2005)
- Sue Johnson, *Hold Me Tight: Seven Conversations for a Lifetime of Love* (New York: Little, Brown and Company, 2008)
- Donald Winnicott, *The Child, The Family and The Outside World*, 2nd ed. (Perseus Publishing,

1992)

- Cindy Hazan & Phillip R. Shaver, "Attachment as an Organizational Framework for Research on Close Relationships," *Psychological Inquiry* 5, no. 1 (1994)
- Suzan Van Dijken, *John Bowlby: His Early Life: A Biographical Journey Into the Roots of Attachment Therapy* (London: Free Association Books, 1998)
- Robert Karen, *Becoming Attached: First Relationships and How They Shape Our Capacity to Love* (New York: Oxford University Press, 1998)
- Theodore Waters, "Learning to Love: From Your Mother's Arms to Your Lover's Arms," *The Medium: The Voice of the University of Toronto* 30, no. 19 (February 9, 2004)
- Cindy Hazan and Phillip Shaver, "Romantic Love Conceptualized as an Attachment Process," *Journal of Personality and Social Psychology* 52, no. 3 (1987)
- Tsachi Ein-Dor, et al., "The Attachment Paradox: How Can So Many of Us (the Insecure Ones) Have No Adaptive Advantages?" *Perspectives on Psychological Science 5 (2010), as cited by Sam Carr and Ioannis Costas Batlle, "Attachment Theory, Neoliberalism, and Social Conscience," Journal of Theoretical and Philosophical Psychology* 35, no. 3 (2015)
- Willem Eduard Frankenhuis, "Did Insecure Attachment Styles Evolve for the Benefit of the Group?" *Frontiers in Psychology* 1 (2010)

- Mario Mikulincer and Phillip R. Shaver, *Attachment in Adulthood: Structure, Dynamics, and Change*, 2nd ed. (New York: Guilford Press, 2016)
- Jude Cassidy, "Truth, Lies and Intimacy: An Attachment Perspective," *Attachment & Human Development* 3, no. 2 (September 2001)
- Marian Bakermans-Kranenburg and Marinus van IJzendoorn, "The First 10,000 Adult Attachment Interviews: Distributions of Adult Attachment Representations in Clinical and Non-Clinical Groups," *Attachment and Human Development* 11, no. 3 (May 2009)
- Erik Hesse, "The Adult Attachment Interview," in *Handbook of Attachment: Theory, Research, and Clinical Applications*, 2nd ed., eds. Jude Cassidy and Phillip R. Shaver. (New York: Guilford Press, 2008)
- Nancy S. Weinfield et al., "Individual Differences in Infant–Caregiver Attachment," in *Handbook of Attachment*, 2nd ed.
- Bert Powell, Glen Cooper, Kent Hoffman, and Bob Marvin, *The Circle of Security Intervention: Enhancing Attachment in Early Parent-Child Relationships* (New York: Guilford Press, 2014)
- Mary Dozier, K. Chase Stovall-McClough, and Kathleen E. Albus, "Attachment and Psychopathology in Adulthood," in *Handbook of Attachment* 2nd ed.
- L. Alan Sroufe, et al., *The Development of the Person: The Minnesota Study of Risk and*

Adaptation from Birth to Adulthood (New York: Guilford Press, 2005)

- Anna T. Smyke and Angela S. Breidenstine, "Foster Care in Early Childhood," in *Handbook of Infant Mental Health*, 3rd ed., ed. Charles H. Zeanah, Jr. (New York: Guilford Press, 2009)
- R. Pasco Fearon et al., "The Significance of Insecure Attachment and Disorganization in the Development of Children's Externalizing Behavior: A Meta-Analytic Study," *Child Development* 81, no. 2 (2010)
- J. Reid Meloy, "Pathologies of Attachment, Violence, and Criminality," *Handbook of Psychology, vol. 11, Forensic Psychology*, ed., Alan M. Goldstein, (Hoboken: John Wiley & Sons, Inc., 2003)
- Erin P. Stronach EP, Sheree L. Toth, Fred A. Rogosch, Dante Cicchetti, "Preventive Interventions and Sustained Attachment Security in Maltreated Children," *Development and Psychopathology* 25 (2013)
- James A. Coan, "Toward a Neuroscience of Attachment," in *Handbook of Attachment*, 2nd ed.
- Srathearn L, et al., "Adult Attachment Predicts Maternal Brain and Oxytocin Response to Infant Cues," *Neuropsychopharmacology* 34 (2009)
- Pascal Vrticka, et al., "Individual Attachment Style Modulates Human Amygdala and Striatum Activation during Social Appraisal," *PLoS ONE* 3, no. 8 (2008): e2868, accessed July, 7, 2017,

doi:10.1371/journal.pone.0002868.

- C. Nathan DeWall et al., "Do Neural Responses to Rejection Depend on Attachment Style? An fMRI Study," *Social Cognitive and Affective Neuroscience* 7, no. 2(2012)
- Kurt Vonnegut, *Timequake* (New York: The Berkley Publishing Group, 1998)
- Marinus H. van IJzendoorn, "Attachment in Context: Kibbutz Child-Rearing as a Historical Experiment," (paper presented at the Biennial Meeting of the International Society for the Study of Behavioral Development, Amsterdam, the Netherlands, June 27-July 2, 1994), https://openaccess.leidenuniv.nl/bitstream/handle/1887/1477/168_144.pdf;jsessionid=882039C799E3AB7C332D6A24AF68FDD6?sequence=1
- John Bowlby, *Loss: Sadness and Depression: Attachment and Loss, Vol. 3* (New York: Basic Books, 1980)
- Gurit Birnbaum, "Attachment and Sexual Mating: The Join Operation of Separate Motivational Systems," in *Handbook of Attachment*, 3rd ed., (New York: Guilford Press, 2016)
- Kate Pickert "The Man Who Remade Motherhood," *Time*, May 21, 2012, accessed July 9
- William Sears and Martha Sears, *The Attachment Parenting Book: A Commonsense Guide to Understanding and Nurturing Your Baby* (New York: Little, Brown and Company, 2001)
- Klaus Grossmann et al., "Maternal Sensitivity: Observational Studies Honoring Mary

Ainsworth's 100th Year," *Attachment & Human Development* 15, no. 5-6 (2013)

- Marie Blois, *Babywearing: The Benefits and Beauty of This Ancient Tradition* (Amarillo: Pharmasoft Publishing, 2016)
- Judi Messman, Marinus H. van Ijzendoorn, and Abraham Sagi-Schwartz, "Cross-Cultural Patterns of Attachment: Universal and Contextual Dimensions," in *Handbook of Attachment*, 3rd ed.
- Deborah Blum, *Love at Goon Park: Harry Harlow and the Science of Affection* (Cambridge, MA: Perseus Publishing, 2002)
- NICHD Early Child Care Research Network, "Child-Care and Family Predictors of Preschool Attachment and Stability From Infancy," *Developmental Psychology* 37, no. 6 (2001)
- American Academy of Pediatrics American Academy of Pediatrics, Policy Statement. "Breastfeeding and the Use of Human Milk," *Pediatrics*, 115 (2005)
- Robert S. Marvin and Preston A. Britner, "Normative Development: The Ontogeny of Attachment," in *Handbook of Attachment*, 2nd ed.
- David Schwab (psychotherapist and EFT-trained family counselor), interview with author, Rochester, NY, June 8, 2014
- Audrey Brassard and Susan M. Johnson, "Couples and Family Therapy: An Attachment

Perspective" in *Handbook of Attachment*, 3rd ed.,

- Susan M. Johnson, et al., "Soothing the Threatened Brain: Leveraging Contact Comfort with Emotionally Focused Therapy," *PLoS ONE* 3, no. 8 (2013): e79314, accessed July 10, doi:10.1371/journal.pone.0079314.
- Gurit Birnbaum, "Attachment and Sexual Mating: The Join Operation of Separate Motivational Systems," in *Handbook of Attachment*, 3rd ed.
- Mario Mikulincer, et al., "Attachment, Caregiving, and Altruism: Boosting Attachment Security Increases Compassion and Helping," *Journal of Personality and Social Psychology* 89, no. 5 (2005)
- Wyndol Furman, "Working Models of Friendship," *Journal of Social and Personal Relationships* 18, no. 5 (2001)
- L. Alan Sroufe, "The Place of Attachment in Development," in *Handbook of Attachment* 3rd ed.
- Ofra Mayseless and Miri Scharf, "Adolescents' Attachment Representations and Their Capacity for Intimacy in Close Relationships," *Journal of Research on Adolescence* 17, no. 1 (2007)
- Chong Man Chow and Cin Cin Tan, "Attachment and Commitment in Dyadic Friendships: Mediating Roles of Satisfaction, Quality of Alternatives, and Investment Size," *Journal of Relationships Research* 4, e4 (2013)

- Vanessa M. Buote, Eileen Wood, and Michael Pratt, "Exploring Similarities and Differences between Online and Offline Friendships: The Role of Attachment Style," *Computers in Human Behavior* 25 (2009)
- Yuthika U. Girme, et al., "'All or Nothing': Attachment Avoidance and the Curvilinear Effects of Partner Support," *Journal of Personality and Social Psychology* 108, no. 3 (2105)
- Juliann Hobdy, et al., "The Role of Attachment Style in Coping with Job Loss and the Empty Nest in Adulthood," *International Journal of Aging and Human Development 65, no. 4 (2007), cited in Carol Magai, Maria Teresa Frias, and Phillip R. Shaver, "Attachment in Middle and Later Life," in Handbook of Attachment*, 3rd ed.
- Laura L. Carstensen, Derek M. Isaacowitz, Susan T. Charles, "Taking Time Seriously: A Theory of Socioemotional Selectivity," *American Psychologist* 54, no. 3 (1999)
- R. Niko Verdecias, et al., "Attachment Styles and Sleep Measures in a Community-Based Sample of Older Adults," *Sleep Medicine* 10, no. 6 (2009)
- Cheryl L. Carmichael and Harry T. Reis, "Attachment, Sleep Quality, and Depressed Affect," *Health Psychology* 24, no. 5 (2005)
- Lynne C Giles, et al., "Effect of Social Networks on 10 Year Survival in Very Old Australians: The Australian Longitudinal Study of Aging," *Journal of Epidemiology and Community Health*

59 (2005), cited in Carol Magai, Maria Teresa Frias, and Phillip R. Shaver, "Attachment in Middle and Later Life," in Handbook of Attachment, 3rd ed.

- Phillip R. Shaver and Mario Mikulincer, "Attachment in the Later Years: A Commentary," *Attachment & Human Development* 6, no. 4 (2004)
- Robert G. Maunder, et al., "Physicians' Difficulty with Emergency Department Patients is Related to Patients' Attachment Style," *Social Science & Medicine* 63, no. 2 (2006)
- Magai, Frias, and Shaver, "Attachment in Middle and Later Life," in *Handbook of Attachment*, 3rd ed.
- Shaver and Mikulincer, "Attachment in the Later Years"
- Glenn I. Roisman, Mudita A. Bahadur, Harriet Oster, "Infant Attachment Security as a Discriminant Predictor of Career Development in Late Adolescence," *Journal of Adolescent Research* 15, no. 5 (2000)
- Shiri Lavy, Tariv Bareli, and Tsachi Ein-Dor, "The Effects of Attachment Heterogeneity and Team Cohesion on Team Functioning," *Small Group Research* 46, no. 1 (2015)
- Hadassah Littman-Ovadia, Lior Oren, and Shiri Lavy, "Attachment and Autonomy in the Workplace: New Insights," *Journal of Career Assessment*, 21, no. 4 (2013)
- Patrice Wendling, "Attachment Styles Predict Workplace Behavior," *Clinical Psychiatry News*

38, no. 6 (June, 2010)

- Aharon Tziner, et al., “Attachment to Work, Job Satisfaction and Work Centrality,” *Leadership & Organization Development Journal* 35, no. 6 (2014)
- Tsachi Ein-Dor and Orgad Tal, “Scared Saviors: Evidence That People High in Attachment Anxiety Are More Effective in Alerting Others to Threat,” *European Journal of Social Psychology* 42, no. 6 (2012)
- Tsachi Ein-Dor and Adi Perry, “Full House of Fears: Evidence That People High in Attachment Anxiety Are More Accurate in Detecting Deceit,” *Journal of Personality* 82, no. 2 (2014)
- Kelly A. Forrest, “Attachment and Attention in Sport,” in *Journal of Clinical Sport Psychology* 2, no. 3 (2008)
- Sam Carr, *Attachment in Sport, Exercise, and Wellness (London: Routledge, 2012), 107, quoting Rena L. Repetti, Shelley E. Taylor, and Teresa E. Seeman, “Risky Families: Family Social Environments and the Mental and Physical Health of Offspring,” Psychological Bulletin* 128, no. 2 (2002)
- Elaine Scharfe and Deborah Eldredge, “Associations Between Attachment Representations and Health Behaviors in Late Adolescence,” *Journal of Health Psychology* 6, no. 3 (2001)
- Pamela Meredith, Jenny Strong, and Judith A. Feeney, “Adult Attachment, Anxiety, and Pain

Self-Efficacy as Predictors of Pain Intensity and Disability," *Pain* 123, nos. 1– 2 (2006)

- Zoe Chrisman-Miller "Exercise Habits, Adult Attachment Styles, and HPA-Axis Hypersensitivity," (undergraduate thesis, Oregon State University Honors College, Corvallis, 2015)
- Elliott Newell, "Using Attachment Theory to Better Understand Your Athletes," *Believe Platform*, 2015
- Louise Davis and Sophia Jowett, "Investigating the Interpersonal Dynamics Between Coaches and Athletes Based on Fundamental Principles of Attachment," *Journal of Clinical Sport Psychology* 4, no. 2 (2010)
- A. F. Froyen and A. M. Pensgaard, "Relationship Quality in Elite Sport: The Perspective of Athletes and Coaches." *Norwegian School of Sport Sciences and Olympiatoppen*, accessed July 12, 2017
- Brandi Stupica, "Rounding the Bases with a Secure Base," *Attachment & Human Development* 18, no. 4 (2016)
- Tiffany Keller Hansbrough, "The Construction of a Transformational Leader: Follower Attachment and Leadership Perceptions," *Journal of Applied Social Psychology* 42, no. 6 (2012)
- Evan Thomas, *Being Nixon: A Man Divided* (New York: Random House, 2015)

- Christopher Weber and Christopher M. Federico, "Interpersonal Attachment and Patterns of Ideological Belief," *Political Psychology* 28, no. 4 (2007)
- Keller Hansbrough, "The Construction of a Transformational Leader: Follower Attachment and Leadership Perceptions," *Journal of Applied Social Psychology* 42, no. 6 (2012)
- Erik Hesse, "The Adult Attachment Interview: Protocol, Method of Analysis, and Selected Empirical Studies: 1985-2015," in *Handbook of Attachment*, 3rd ed.
- Tsachi Ein-Dor, et al., "Standoffish Perhaps, but Successful as Well," *Journal of Personality* 80, no. 3 (2012)
- Frank Bruni, "Donald Trump's Demand for Love," *The New York Times*, Nov. 22, 2016
- Pehr Granqvist and Lee A. Kirkpatrick, "Attachment and Religious Representations and Behavior," in *Handbook of Attachment*, 3rd ed.
- Bagher Ghobary Bonab, Maureen Miner, and Marie-Therese Proctor, "Attachment to God in Islamic Spirituality," *Journal of Muslim Mental Health* 7; no. 2 (2013)
- Andrew Greeley, *The Catholic Myth: The Behavior and Beliefs of American Catholics* (New York: Touchstone, 1990)
- Maureen Orth, "Mary: The Most Powerful Woman in the World," *National Geographic*, December, 2015

- Granqvist and Kirkpatrick, "Attachment and Religious Representations and Behavior," in *Handbook of Attachment*, 3rd ed.
- "America's Changing Religious Landscape," Pew Research Center, May 21, 2015
- John Bowlby, *A Secure Base* (New York: Basic Books, 1988)
- Julia Quinn-Szcesuil, "20 Companies with Great Maternity Leave," Care@Work. Posted on October 6, 2014, http://workplace.care.com/20-companies-with-great-maternity-leave
- Ken Corvo and Ellen deLara, "Bowlby's Ghost: The Political and Moral Reverberations of Attachment Theory," Attachment: New Directions in Psychotherapy and Relational Psychoanalysis, 4, no. 1 (2010), citing Peggy Patten and Omar Benton Ricks, "Child Care Quality: An Overview for Parents," *The ERIC Clearinghouse on Elementary and Early Childhood Education, The ERIC Digests* (December 2000)
- Dante Cicchetti, Fred A Rogosch, and Sheree L. Toth, "Fostering Secure Attachment in Infants in Maltreating Families Through Preventive Interventions," *Development and Psychopathology* 18, no. 3 (2006)
- Shilpi Malinowski, "D.C. Developer Bets Big on Apartments with Shared Eating Spaces," *The Washington Post,* April 28, 2015, and Kim Velsey, "Sharing an Apartment With Strangers," *The New York Times*, May 5, 2017

國家圖書館出版品預行編目資料

依戀效應：為什麼我們總在愛中受傷，在人際關係中受挫？/ 皮特．羅文海姆（Peter Lovenheim）作；廖綉玉譯. -- 初版. -- 臺北市：三采文化，2019.11 --
面；公分. --（Mindmap；192）

譯自：THE ATTACHMENT EFFECT: Exploring the Powerful Ways Our Earliest Bond Shapes Our Relationships and Lives
ISBN 978-957-658-239-4(平裝)

1. 依附行為 2. 人際關係

177.3　　108014661

suncolor 三采文化集團

Mindmap 192

依戀效應

為什麼我們總在愛中受傷，在人際關係中受挫？

作者｜皮特．羅文海姆（Peter Lovenheim）　譯者｜廖綉玉
協力編輯｜吳愉萱　責任編輯｜喬郁珊　版權負責｜杜曉涵
美術主編｜藍秀婷　封面設計｜鄭婷之　內頁排版｜菩薩蠻數位文化有現公司

發行人｜張輝明　總編輯｜曾雅青　發行所｜三采文化股份有限公司
地址｜台北市內湖區瑞光路513巷33號8樓
傳訊｜TEL:8797-1234　FAX:8797-1688　網址｜www.suncolor.com.tw
郵政劃撥｜帳號：14319060　戶名：三采文化股份有限公司
初版發行｜2019年11月08日　定價｜NT$380
5刷｜2023年2月20日

suncolor